VENEDIG

IN ATEMBERAUBENDEN LUFTAUFNAHMEN

WHITE STAR VERLAG

VENEDIG

IN ATEMBERAUBENDEN LUFTAUFNAHMEN

FOTOGRAFIEN
Antonio Attini
Marcello Bertinetti

TEXT
Alberto Bertolazzi

Inhalt

2-3 Der Markusplatz mit seinen Wahrzeichen: Markusbasilika, Campanile und Dogenpalast an einem Tag mit selten klarer Sicht.

4-5 Der Name Marmolata (Provinz Belluno) kommt vom griechischen marmar, glänzen. Der Legende nach soll sich der vergletscherte Gipfel in der Folge eines außergewöhnlichen Schneefalls gebildet haben, weil eine alte Bäuerin, entgegen dem Rat ihrer Mitbürger, am 5. August, dem Tag des Schutzheiligen, den Weizen geerntet haben soll.

6-7 Burano ist eine der Laguneninseln im Nordosten von Venedig. Sie ist beliebt bei Malern wegen ihrer bunten Häuser und bekannt in der ganzen Welt für die berühmte Burano-Spitze, die dort seit dem 16. Jh. angefertigt wird.

8 Santa Maria della Salute ist die prächtigste Barockkirche Venedigs. Sie ist eine der wenigen Kirchen, deren ursprüngliches Aussehen nicht verändert wurde.

9 Wie der Stadtplan Venedigs von Joseph Heintz dem Jüngeren (1600–1678) wirkt diese Luftaufnahme von einer der schönsten Städte der Welt.

Venetien, so heißt es, sei eine polyzentrische Region, eine Region also, die im Gegensatz zu vielen anderen Regionen Italiens nicht wirklich eine eigentliche Hauptstadt habe. Der Piemont lebt im Schatten von Turin, einer modernen Metropole, Motor für Industrie und Kultur und außerdem die ehemalige Hauptstadt Italiens; die Lombardei erinnert an ein Sonnensystem, das sich, auch geografisch gesehen, um Mailand dreht; Ligurien und Kampanien erstrecken sich vom Hinterland bis zum Meer wie die Gliedmaßen eines komplexen Lebewesens, dessen Kopf in Genua bzw. in Neapel sitzt; Latium, eine Region, die ebenfalls reich an Geschichte und Naturschönheiten ist, scheint seine eigene Größe innerhalb des „Grande Raccordo Anulare", der Ringautobahn um Rom, zu erschöpfen.

Und so lässt sich die Liste weiterführen, auch mit so vielschichtigen Regionen wie Sizilien, Toskana, Emilia-Romagna und Sardinien: Sie alle bestehen aus unterschiedlichen Gebieten, die, historisch gesehen, immer in Palermo, Florenz, Bologna beziehungsweise Cagliari ihren Bezugspunkt gesehen haben, Städte in denen sich Politik und Kultur auf höchstem Niveau bewegen. Am ehesten weist Venetien wohl Ähnlichkeiten auf zu Apulien, wo Provinzhauptstädte, alte Städte und Industriezentren mit ihrer jeweiligen politischen, kulturellen oder wirtschaftlichen Macht auf die gesamte Region Einfluss nehmen. Solche Betrachtungen allerdings werden kaum geteilt von den Ausländern, die jedes Jahr Venedig bis an die Grenze der Aufnahmefähigkeit bevölkern, von romantischen Fahrten mit der Gondel träumen, als Harlekin verkleidet lachend auf dem Markusplatz umherlaufen.

Für sie alle ist Venedig die Hauptstadt. Kulturhauptstadt vor allem: eine Art Freilichtmuseum, in dem man sich frei zwischen Kunstschätzen bewegen kann. Hauptstadt der Geschichte: Jeder Stein, jeder Wassertropfen der Lagune erzählt von Venedigs Vergangenheit. Hauptstadt von Spielerei und Zauber, wo sich der Kindheitstraum verwirklichen lässt, sich auf Straßen aus Wasser zu bewegen; für andere Menschen wieder ist es die Stadt der bleibenden Eindrücke, wie sie nur bestimmte Sonnenuntergänge über der Lagune hinterlassen können.

Venedig ist zwar nicht das geografische Zentrum der Region, aber durch seine ungewöhnliche Anziehungskraft liegt hier doch eindeutig der Schwerpunkt. Schon seit dem Mittelalter übt „La Serenissima", die alte Dogenrepublik, eine starke Anziehungskraft aus, die die Augen der ganzen Welt auf Venetien blicken lässt. Dies hat zahlreiche Auswirkungen: vom Strom der Touristen, die den Markusplatz besuchen und nebenbei die Dolomiten bei Belluno entdecken, die Loggia del Capitanio in Vicenza, die Cappella degli Scrovegni in Padua, die Arena von Verona oder die Villen am Brenta-Kanal, bis hin zu den einfachen Imagevorzügen, wirkungsvolle Visitenkarten für die zahlreichen kleinen und mittleren Betriebe, die in den letzten dreißig Jahren hier aufgeblüht sind.

10 Die zu Venedig gehörende Insel San Francesco del Deserto hat eine sehr alte Geschichte. Sogar der heilige Franziskus legte hier bei seiner Rückkehr aus dem Heiligen Land einen Halt ein. Seit 1233 ist die Insel Eigentum des Franziskanerordens, der hier ein Kloster errichtete.

Kurz und gut: Venedig und Venetien. Eine der schönsten Städte der Welt und die Region, die am stärksten durch die unterschiedlichsten Landschaften gekennzeichnet ist: von den Dolomiten bis zu den Stränden der Adria, vorbei an den sanften Hügeln im mittleren Norden und den vielfältigen Landschaften, die das Wasser am Gardasee, im Po-Delta und in der Lagune gestaltet. Eine jahrhundertealte Beziehung, geprägt von ständigem Austausch und wohl auch etwas Neid. Venedig, die Stadt, die immer in erster Reihe, immer auf der Bühne steht, hingewandt zum Meer und zur Welt, macht es dem Gefährten nicht leicht. Und doch gibt es untrennbare Verbindungen zwischen der Hauptstadt und dem Rest der Region. Versuchen wir, drei davon herauszunehmen.

Da ist an erster Stelle das Wasser. Es macht aus Venedig eine einzigartige Stadt und aus Venetien eine außergewöhnlich fruchtbare und damit reiche Region: Etsch, Brenta und Piave bilden die Lebensadern der Gewässer, die diese Landschaften nähren. Diese enge Verbindung zwischen Land und Wasser kommt noch besser zum Ausdruck in den Lagunen, wo der Mensch erkannt hat, wie wichtig es ist, auf die Umwelt Rücksicht zu nehmen, selbst wenn diese sich als feindlich erweist; dies führte in Venedig zur Umleitung ganzer Flussläufe, um die allmähliche und unausweichliche Versandung der Lagune aufzuhalten.
Das zweite verbindende Element ist die Geschichte, in Venetien eine kontinuierliche Verflechtung zwischen lokalen Machthabern

12 links Venezianische Gondeln in Erwartung von Touristen. Ein einziges Boot wiegt etwa 400 kg. Früher hatten die Gondeln eine mit Tür und Schiebefenstern ausgestattete Winter- und Nachtabdeckung, die sogenannte *felze*.

und äußerem Einfluss. Als erste kamen vom Schwarzen Meer die Veneter, die der Region den Namen gaben; danach die Römer, sie bauten Straßen und Kanäle, vor allem aber Städte, so wie wir sie heute kennen: Padua, Aquileia, Adria, Vicenza, Treviso, Verona, Oderzo; schließlich wurden die Einflüsse der byzantinischen Herrschaft spürbar, durch die besonders die Venezianer nachhaltig geprägt wurden. Infolge der allmählichen Ablösung von der byzantinischen Schutzherrschaft entwickelte sich nach und nach die Republik Venedig – La Serenissima Repubblica di San Marco.
Dies war der Beginn von Venedigs Macht, die während des Mittelalters durch unerbittliche Kämpfe und florierende Handelsbeziehungen wuchs und etwa um das Jahr 1100 aus der Lagunenstadt die unbestrittene Königin der Adria machte. Die Venezianer wussten sich die Teilnahme am Vierten Kreuzzug – zu Beginn des 13. Jahrhunderts – zunutze zu machen: Sie eroberten Konstantinopel und wurden somit Herrscher eines großen Reiches, das unter anderem auch die Kykladen und den Ägäischen Archipel umfasste. In diesen Jahren begannen die erbitterten Auseinandersetzungen zwischen Venedig und Genua um die Vorherrschaft im Mittelmeer, ein Kampf, der erst 1380 eindeutig zugunsten der Adriastadt entschieden wurde. Dies ist der Moment, in dem die Geschichte Venedigs und die Geschichte Venetiens aufeinandertreffen. Der zunehmende Zerfall der kaiserlichen Autorität hatte in den Städten der *terraferma*, des Festlands, wie Padua, Treviso, Vicenza, Verona, die Stärkung einflussreicher lokaler Institutionen zur Folge; diese wurden durch mächtige, verteidigungsfähige Burgen in der Umgebung der Städte unterstützt, die zumeist im Besitz der verschiedenen Feudalherren waren. Hier weitete sich im 15. und 16. Jahrhundert das Einflussgebiet Venedigs aus, denn den Venezianern war sehr an der Kontrolle des sie umschließenden Festlandes gelegen.
Venedig, das durch den bedrohlichen Vormarsch der Türken und durch die Verschiebung des Warenverkehrs in den atlantischen Raum immer mehr an Bedeutung verlor, wurde auch ein Opfer der geografischen Entdeckungen jener Zeit. Für Venetien hingegen war dies ein Vorteil; die Region erhielt von den Dogen Infrastrukturen und militärische Unterstützung, profitierte aber auch im Hinblick auf Kapital und Kunstschätze.
Der Niedergang Venedigs, der 1797 durch den Einmarsch der napoleonischen Truppen besiegelt wurde, erfasste schließlich die gesamte Region. Napoleon trat Venetien mitsamt Venedig an Österreich ab, das somit eine Provinz von Wien wurde und dies blieb bis 1866, als Venetien dem Italienischen Königreich einverleibt wurde.
Das dritte Element ist die Freude an Schönheit und gesellschaftlichem Leben, die sich in der Kunst und dem Scharfsinn der Ve-

12 Mitte Die Kirche San Moisè wurde im Jahr 1632 auf den Ruinen eines Gebäudes aus dem 8. Jh. errichtet, das dem heiligen Viktor geweiht war. Im Inneren des Gebäudes befindet sich ein wichtiges Werk von Tintoretto.

12 rechts Pellegrino Pellegrini, der erste Bergführer der Dolomiten, hatte 1862 die Ehre, den Wiener Paul Grohmann als ersten Besteiger der Marmolata bis zu der auf 3310 m liegenden Punta-Rocca-Spitze zu begleiten.

neter widerspiegelt. Man muss nicht unbedingt im Café Florian sitzen und auf „den elegantesten Salon der Welt" schauen, um zu verstehen, welcher Geist die gesamte Region durchzieht. Venedig ist „infiziert" von der Internationalität der Menschen in dieser Stadt, der Touristen wie auch der Ausländer (Amerikaner, Deutsche, Engländer, Russen oder Japaner, die sich hier, vielleicht gemeinsam, ein Stückchen Traum am Canal Grande gekauft haben); und doch bewahrt es seinen eigenen Rhythmus und seine eigenen Werte, und das Motto aller Neuankömmlinge ist „Venedig erleben, wie es die Venezianer erleben". Entsprechend ist das Venetien der Dörfer und Gasthäuser auch heute noch ein Fest der *ombra*, jenes typischen, kleinen Glas Weins, das von den Venetern so gerne in Gesellschaft getrunken wird, ein Bindeglied der besonderen Art zwischen dem Norden der hohen Berge und dem Süden der Ebenen . Diese Eigenart – man könnte auch sagen „Identität", um es mit einem umfassenderen Begriff zu bezeichnen – spiegelt sich wider in der Landschaftsgestaltung, der Verweigerung des städtischen und architektonischen Chaos, in der Freude an der Erhaltung des künstlerischen Erbes und der Fähigkeit, Projekte in die Tat umzusetzen.

Diese hier angesprochenen drei Faktoren (Wasser, Geschichte, Lebensgeist) werden auf unserer Reise gut sichtbar. Das ist der große Vorzug der Luftaufnahmen: Sie erfassen die Gesamtheit des Panoramas, können aber auch die kleinste Besonderheit aufzeigen, sodass der Betrachter den Eindruck bekommt, endlich den Anfang des Fadens gefunden zu haben.

Die folgenden Kapitel sollen diesen Gedanken fortführen, nämlich, dass Venedig die beste „Hauptstadt", vielleicht sogar die einzig denkbare einer Region ist, die viele Gesichter hat und sich mit keinem anderen Teil Italiens vergleichen lässt. Ein Kapitel wird daher der Serenissima und ihrer einzigartigen Umgebung gewidmet sein, in der die Stadt entstand: der Lagune mit ihren Schmuckstücken wie Torcello, Burano, Murano und den anderen Inseln. Ein weiteres Kapitel widmet sich dem Naturerbe Venetiens, das so vielseitig ist, dass einem schwindelig werden könnte. Schließlich wird der letzte Teil des Buches die Provinzstädte behandeln, wenn man Verona, Vicenza, Padua und Treviso überhaupt so nennen kann. Und in den weniger bekannten Ecken werden wir reizvolle Ortschaften und Burgen entdecken, wo man das „kleinere Venetien" aufspüren kann, das so viel „kleiner" vielleicht gar nicht ist.

15 Drei Juwelen Venedigs in einer einzigen Aufnahme: der Eingang zur Markusbasilika, der Campanile und der Dogenpalast (von links). Sie alle sind Machtsymbole der 120 Dogen, die die Stadt über ein Jahrtausend regierten.

18-19 Das Amphitheater von Verona ist eines der am besten erhaltenen überhaupt; es wurde im 1. Jh. n. Chr. mit Kalkstein aus dem Valpolicella-Gebiet errichtet.

20-21 Die Rialtobrücke war lange Zeit für Fußgänger die einzige Verbindung zwischen den beiden Teilen der Stadt Venedig.

22-23 Die Lagune von Venedig mit ihren seichten Stellen, den *barene*, bricht das Sonnenlicht und spaltet es auf wie ein Kaleidoskop. Die Landschaft ist stark durch den Menschen geprägt, und doch hat sie sich unberührte Abschnitte bewahrt.

LAGUNA
18
11
12
8
10
7
9
CANAL GRANDE
3
6
2
4
1
5
16
15
CANALE DELLA GIUDECCA
13
17
14

Einige Daten zu Venedig und Venetien

- Fläche: 18 391 Quadratkilometer
- Einwohner: 4 577 408 (letzte Volkszählung)
- Hauptstadt der Region: Venedig (269 566 Einwohner)
- Provinzhauptstädte: Belluno (35 309 Einwohner), Padua (205 645), Rovigo (50 377), Treviso (80 688), Verona (256 110), Vicenza (110 010)
- Das Gelände ist vorwiegend flach (56,4 %); Berge stellen 29,1 % der Fläche, Hügel 14,5 %
- Wichtigste Flüsse: Po 652 km, Etsch/Adige 410 km, Piave 220 km, Brenta 160 km, Bacchiglione 118 km, Livenza 112 km
- Wichtigste Seen: Gardasee 370 Quadratkilometer (Gesamtoberfläche), Lago di Santa Croce 7,8
- Küstenlänge: 158,9 km
- Höchster Gipfel: Marmolata (3342 m)
- In Venetien gibt es 287 Gemeinden
- In Venetien haben 141 von den 287 Gemeinden weniger als 5000 Einwohner
- Bevölkerungsdichte: 249 Menschen pro Quadratkilometer
- Nationalparks im Gebiet Venetien: Parco Nazionale delle Dolomiti Bellunesi

16 Venedig ist eine der berühmtesten Städte der Welt. Ihre außergewöhnliche Geschichte hat sich in das Netz aus Gassen und Kanälen eingeprägt, was in dieser Satellitenaufnahme gut sichtbar wird; man erkennt den Canal Grande und einige der wichtigsten Bauwerke.

1 Dogenpalast
2 Markusplatz (Piazza San Marco)
3 Markusbasilika
4 Theater La Fenice
5 Ponte dell'Accademia
6 Ca' Foscari
7 Campo San Polo
8 Ca' d'Oro
9 Rialtobrücke
10 Campo Santi Giovanni e Paolo
11 Ghetto
12 Bahnhof
13 Insel Sacca Fisola
14 Insel Giudecca
15 Santa Maria della Salute
16 Punta della Dogana
17 Insel San Giorgio Maggiore
18 Insel San Michele

VENEDIG UND DIE LAGUNE

Venedig ist die Verwirklichung eines Kindertraums: aus dem Haus gehen und unter den Füßen Wasser statt Kiesel oder Asphalt spüren. Eine Stadt auf Wasser, wo die gepflasterten Wege – die *Calli* – eigentlich einfache Bürgersteige sind, an denen flüssige Straßen – die *Canali* – entlangfließen, genutzt von *Vaporetti*, Motorbooten und Gondeln. Sicher, so etwas gibt es auch in anderen Städten: Amsterdam, Hongkong, Bangkok, Brügge zum Beispiel; in der Nähe von Venedig die kleine Stadt Treviso oder das Viertel Nuova Venezia in Livorno.

Aber Venedig ist auch die Verflechtung von Kanälen, Brücken, historischen Häusern und Kirchen, eingeschlossen auf einer Insel, die nur durch eine schmale Brücke mit dem Festland verbunden ist. Venedig ist ein Vergnügungspark für den Geist; ein Geschicklichkeitsspiel, wo alles so scheint, als könne es wie ein Kartenhaus von einem Moment zum anderen hinweggefegt werden, das aber, wie durch Zauberhand, seit Jahrhunderten besteht; eine Stadt in der Macht und Vergänglichkeit verschmelzen in einer Atmosphäre, die man mit der feuchten Salzluft einatmet bei jedem Schritt in den *Calli*, wo in den Gesprächen zwischen Händlern und Gondolieri sowohl Lebensfreude als auch durch den Lauf der Geschichte bedingte Ernüchterung herauszuhören sind.

Venedig war die Königin der Adria. Zuerst abhängig vom byzantinischen Reich, wurde Venedig dann mächtiger und reicher und eroberte schließlich sogar das alte Konstantinopel. Venedig war *serenissima*: Der Begriff „Serenissimo" war ein Ehrentitel, mit dem Fürsten und Herrscher angeredet wurden, in besonderer Weise aber die Dogen von Venedig. Im Laufe der Zeit wurde „La Serenissima" gleichbedeutend mit „Republik Venedig", als Ausdruck der Adligkeit und Größe ihrer Einwohner. Venedig war eine Seerepublik; militärisch gesehen die stärkste, denn sie besiegte sogar Genua und sicherte sich so auf lange Zeit das Monopol auf die Handelswege im Mittelmeer und zum Orient. Und schließlich war Venedig eine ungewöhnliche Insel-Stadt, geschützt durch ihre natürlichen Barrieren, aber nie völlig abgeschlossen, selbst nicht im Jahr 897, als ein Mauerring gebaut wurde, um den eigentlichen Stadtkern zu befestigen, der aus dem Nonnenkloster San Zaccaria, dem ursprünglichen Dogen-

24 links Auch heute noch durchziehen Schiffe den Canale della Giudecca und bieten dabei den Passagieren den atemberaubenden Anblick von Piazza San Marco. Im Hintergrund sieht man die Insel San Giorgio Maggiore.

24 rechts Der Markusplatz ist die einzige Piazza in Venedig. Alle anderen Plätze werden *Campi* genannt.

25 Vor der westlichen Seite der Markusbasilika mit ihren fünf unverwechselbaren Kuppeln erhebt sich der Campanile auf der Piazza San Marco. Rechts davon, an der Piazzetta, steht der Dogenpalast. Am Fuße des Glockenturms, gegenüber vom Eingang, erkennt man die berühmte Loggetta, entworfen von Jacopo Sansovino.

27 Die Ca' d'Oro spiegelt sich im Canal Grande, die asymmetrische Fassade ist verziert mit feinen, wie gestickt wirkenden Fensterbögen. Von oben gut sichtbar ist der C-förmige Grundriss des Gebäudes mit einem sich seitlich öffnenden Innenhof.

palast und dem ersten Bau der Markuskirche bestand. Immer war die Republik Venedig der Welt zugewandt, was sie zur weitsichtigsten und modernsten aller Staatsformen machte: Eintausendeinhundert Jahre Eigenständigkeit machen sie zur langlebigsten Republik der Geschichte. Vielleicht liegt das Geheimnis von Venedigs langem Leben ja eben in seinen Institutionen und in der Figur des Dogen, der anfangs von einem Vertreter des byzantinischen Kaisers ernannt, schon bald aber demokratisch durch den in der Bürgerversammlung vertretenen Adel gewählt wurde. Dem Dogen stand ein beratendes Gremium zur Seite, das 1172 durch den Großen Rat ersetzt wurde, als Ausdruck der Aristokratie, die nun die Regierung der Republik übernahm und dem Dogen eine eher repräsentative Rolle überließ. Bis die Republik sich zu einer starren Oligarchie wandelte, vermittelte Venedig dem Volk ein Gefühl von Zugehörigkeit und Mitwirkung, was zu jener Zeit seinesgleichen suchte. Venedig und seine Vergangenheit; Venedig und seine Schätze; Venedig und seine zahllosen kleineren Inseln; Venedig und die es umgebende und einhüllende Weite von Wasser und feuchter Erde. Dies sind einige Gesichter der Serenissima, die man während des Flugs über die Lagune festhalten kann.

Die Reise beginnt über Mestre. Noch mehr Kanäle, Gassen, Brücken. Mestre ist das Tor nach Venedig. 30 Millionen Menschen passieren jedes Jahr den Bahnhof mit dem Ziel, diese

28 links Diese Panoramaansicht vom Campanile di San Marco zeigt einige der zahlreichen Kirchen Venedigs, darunter die Kirche Santi Apostoli, deren Glockenturm in der Mitte zu erkennen ist.

Stadt auf dem Wasser zu besuchen. Die Verbindung zwischen den beiden Städten besteht aus einer langen, schmalen Brücke, die von Autos und Zügen überquert wird. Dahinter beginnt Venedig, vier Kilometer entfernt vom Festland und zwei vom offenen Meer, errichtet auf einem Archipel aus 117 Inseln, durchzogen von 150 Kanälen und verbunden durch 400 Brücken. Diese einzigartigen Merkmale sowie die prunkvolle Architektur und die unzähligen Kunstwerke machen es zu einer der schönsten und berühmtesten Kunststädte der Welt. Sofort erkennbar vom Himmel aus ist der Canal Grande, der die Stadt in zwei Teile teilt. Drei Brücken überspannen ihn, darunter die berühmte Rialtobrücke, weiß und imposant, der Ponte dell'Accademia und der Ponte degli Scalzi. Direkt an seinen Seiten streifen die Kirchen Santa Maria degli Scalzi und San Geremia das Wasser. Die wirkliche Überraschung aber sind die Gärten, die vom Land aus oft nicht zu sehen sind, es sind nur einige der über fünfhundert, die die Stadt im 16. Jahrhundert zählte. Diese Grünflächen hatten seit dem Mittelalter unterschiedliche Funktionen: Manche dienten als prächtige Dekorationen der Adelshäuser, andere dienten Geistlichen, die sich in der Lagune niedergelassen hatten, als Meditationsstätten oder als Gärten für das oft von der Außenwelt abgeschnittene Klosterleben. In diesem Meer aus roten Dächern erkennt man die berühmtesten Plätze und Bauwerke: Campo San Polo, Campo dei Frari, Campo Santa Margherita mit der Kirche Santa Maria del Carmine, Campo Sant'Angelo, Campo Santo Stefano, Campo Santa Maria Formosa, die rechteckig angeordneten Kaimauern beim Arsenale, schließlich die Kirche Santa Maria della Salute und der Markusplatz – „der eleganteste Salon Europas", meinte Napoleon, „dem nur der Himmel ein würdiges Dach ist". Hoch darüber hinaus ragt der Campanile der Markusbasilika, einer Kirche, die alle Symbole des Christentums, der komplexen Beziehung zwischen Okzident und Orient, der ewigen Gratwanderung zwischen Spiritualität und Vergänglichkeit, zwischen innerem und äußerem Reichtum in sich vereint.

Die Piazza San Marco ist ein idealer Ausgangspunkt für einen Ausflug in die Lagune, ein extrem empfindliches und bedrohtes Ökosystem, das unter ständiger Beobachtung steht in dem Versuch, den fortschreitenden Umweltschäden Einhalt zu gebieten. Von seinem Wohlergehen hängt in der Tat das der ganzen Stadt ab.

Die Lagune bietet eine der faszinierendsten Ansichten der Welt, eine Grenzlandschaft zwischen Erde und Wasser, gezeichnet durch ein dichtes Netz aus Kanälen und Dutzenden von Inseln, auf denen sich die Pracht Venedigs entfaltet: So zeigt sich die Lagune, fast versteckt im niedrigsten Punkt der Adria, ihre Struk-

28 Mitte Im Mittelbogen der Fassade der Markusbasilika befindet sich, inmitten eines Sternenhimmels, ein Markuslöwe, eine Nachbildung des 1797 zerstörten Originals. Darüber zieht sich die Himmelstreppe mit Statuen von sechs Engeln mit vergoldeten Flügeln, die den heiligen Markus verehren.

28 rechts Die Rialtobrücke ist eines der Wahrzeichen Venedigs, oben links im Bild sieht man einen Teil des Palazzo dei Camerlenghi (1525), der direkt am Canal Grande liegt.

tur jedoch wird mehr durch die vom Festland angeschwemmten Ablagerungen geprägt als durch die vom Meer. Geschützt vor der Überflutung wird das Brackwasser der Lagune durch lang gestreckte Sandbänke, die südlichste davon ist Pellestrina. Aus dem intensiven Grün des Wassers also ragen die schönen und berühmten Inseln der Lagune heraus: gegenüber von Punta della Dogana liegen La Giudecca und San Giorgio Maggiore, getrennt von den beiden Inseln, die das eigentliche Venedig ausmachen (die beiden durch den Canal Grande getrennten Teile, die in der Piazza San Marco auslaufen); der Lido di Venezia, ehemals Verteidigungsbastion, heute eleganter Strand, der die Stadt vom offenen Meer trennt, und Ort der Biennale, der Kunstausstellung und des Filmfestivals; hier befindet sich auch die dritte Öffnung zur Adria, die beiden anderen sind in Malamocco und Chioggia; dann kommt der für die Glasbläserei berühmte Ort Murano, errichtet auf fünf Inseln, um Murano herum liegen weitere kleine und große Inseln wie San Michele, San Giacomo in Palude, Mazzorbo, San Francesco del Deserto, eine einsame, von Zypressen überwachsene kleine Insel; Torcello, ganz im Norden der Lagune; schließlich Burano, beinahe versteckt hinter Sant'Erasmo, die ovale Insel mit ihren bunten Häusern. Noch weiter im Norden, hinter Cavallino, liegen dann die *valli da pesca* (Fischzuchtbecken), die Sümpfe und die Fischerhäuschen – fast so, als solle hier das Gleichgewicht zur südlichen Lagune hergestellt werden. In der nördlichen Lagune ist alles kompakter, die Sümpfe sind große, fast unbewegte Wasserflächen, wo man die Auswirkungen des Meeres kaum spürt, da dies vor der Küste von Sant'Erasmo aufgehalten wird.

Vor den großen Sumpfgebieten Valle di Cà Zane und der Palude Maggiore gibt es noch mehrere kleine Gebiete; alle sind umgeben von Fischerhäusern und durchzogen von *barene*, den fruchtbaren Sandbänken. Hier endet die Lagune, an der Meerseite kennzeichnet der Lido di Jesolo die nördliche Grenze.

Ab hier dehnten sich vor dem Mittelalter die für die Küsten Venetiens und Friauls typischen Wälder aus. Die Expansion Venedigs im 15. Jahrhundert leitete das Ende der wenigen Wälder ein, die die Urbarmachung zu Beginn des Jahrtausends überlebt hatten. Lärchen, Weißtannen, Nussbäume, Buchen und Ulmen wurden zu Schiffsplanken, Masten und Steuerrudern für die Flotte der Serenissima verarbeitet.

Die Reise endet hier, denn außerhalb der Lagune beginnt das andere Venetien: das Venetien, das auch ein wenig der Aufmerksamkeit, die der Königin der Adria zuteil wird, auf sich ziehen möchte, das Venetien der Dolomiten und der sanften Hügel, des großen Flusses Po und der Sandstrände, die sich, wie in Caorle, in einer Art Fjord ins Land einziehen.

31 Der Canal Grande zieht zwei große Schleifen durch das Herz der Stadt. Um diese etwa 4 km lange Hauptverkehrsader herum hat sich Venedig entwickelt. Das Bild zeigt den von der kleineren Schleife umschlossenen Stadtteil, das *Sestiere San Marco*, so genannt wegen der gleichnamigen Kirche.

32-33 Venedig scheint wie eine einzige große Insel auf dem grünlichen Wasser der Lagune zu schwimmen. In Wirklichkeit aber ist die Stadt auf 117 kleinen Inseln gebaut und von unzähligen Kanälen durchzogen.

34 Die Verbindung zum Festland sichert zum einen die Eisenbahnbrücke, die zum Bahnhof Santa Lucia führt – so genannt, weil er auf der Stelle einer gleichnamigen, im Jahr 1860 zerstörten Kirche errichtet wurde – und zum anderen die Straßenbrücke zum Piazzale Roma, beide unten rechts im Bild.

36 Am Canale delle Giudecca steht die von Andrea Palladio entworfene Kirche Il Redentore. Begonnen wurde der Bau 1577; nach dem Tod Palladios (1580) wurde die Kirche von Antonio da Ponte fertiggestellt und 1592 geweiht.

37 Die Insel Giudecca, rechts im Bild, ist von Venedig durch den gleichnamigen, breiten Kanal getrennt. Der Backsteinkomplex in der Mitte des Bildes, dort wo einige Kräne zu sehen sind, ist die ehemalige Nudelfabrik Mulino Stucky, die bis 1954 in Betrieb war. Bei einem Brand 2003 wurden große Teile dieses industriearchäologisch interessanten Gebietes zerstört.

38 Die Insel San Giorgio Maggiore, hinter der äußersten Spitze der Giudecca, gegenüber von San Marco, beherbergt eine Kirche und ein Kloster. Die Insel ist aus religiöser, aber auch aus kunsthistorischer Sicht einer der bedeutendsten Orte der Stadt.

39 Der auf einen Entwurf von Palladio aus dem Jahr 1565 zurückgehende Grundriss der Kirche San Giorgio Maggiore wird auf diesem Luftbild deutlich: Das dreischiffige Langhaus wird von einem zu beiden Seiten halbkreisförmig geschlossenen Querhaus geteilt, die Vierung ist von einer Kuppel überwölbt.

40-41 Die *Vogalonga*, ein auf Betreiben einer Gruppe venezianischer Ruderfreunde 1974 ins Leben gerufener Rudermarathon, ist heute die wichtigste Ruderveranstaltung im Frühling und lockt Teilnehmer aus der ganzen Welt an. Der Verlauf der etwa 32 km langen Strecke durch die Lagune ist über die Jahre praktisch unverändert geblieben. Die Boote sammeln sich im *Bacino San Marco*, gegenüber dem Dogenpalast. Ein Kanonenschlag, gefolgt vom Anheben der Ruder, ist das Zeichen zum Start, während der alte Ruf der Galeeren der Serenissima erklingt: „Viva San Marco!" Zielpunkt ist die Punta della Dogana, die ehemalige Zollstation.

42-43 Der Blick schweift über den Stadtteil San Marco, dem Herzen Venedigs, das von dem Bereich um den Markusplatz mit dem Dom und den angrenzenden Gebieten auf der rechten Seite bis zum Gebiet um die Rialtobrücke, links, reicht.

44 Die Markusbasilika und der Dogenpalast sind miteinander verbunden; oberhalb des linken Querschiffs der Kirche gibt es eine Tür, die zum Foscari-Gang im Dogenpalast führt.

45 Früher war der Bereich vor dem Markusplatz der bevorzugte Zugang zur Stadt, wollte man Venedig vom Wasser aus erreichen; dies hat durch den Bau der Brücken, die die Stadt mit dem Festland verbinden, an Bedeutung verloren.

46 Das Gebäude gegenüber dem Dogenpalast auf der Piazzetta, direkt neben dem Campanile, ist die Libreria Sansoviniana, die ab 1537 nach einem Entwurf von Jacopo Sansovino entstand. Zu Ende geführt wurden die Arbeiten an der Libreria Vecchia oder Markusbibliothek, wie sie auch genannt wird, Ende des 16. Jahrhunderts von Vincenzo Scamozzi.

47 Der Campanile, ein imposanter, fast 100 m hoher Turm mit quadratischem Grundriss, war ursprünglich im 12. Jh. errichtet worden, aller Wahrscheinlichkeit nach an der Stelle eines früheren Sichtturms. 1902 stürzte der Turm ein und wurde nach dem Original von Luca Beltrami und Gaetano Moretti zwischen 1903 und 1912 wieder aufgebaut.

48 Im 13. Jh. wurde die Markusbasilika mit den erhöhten Kuppeln überwölbt, so wie wir sie heute sehen. Sie bestehen aus einer mit Blei verkleideten Holzkonstruktion.

49 Auch das Dach des nahe gelegenen Dogenpalastes ist mit einer Schicht dünner Bleilagen überzogen. Dadurch sind diese Gebäude, die Wahrzeichen der Serenissima, auch vom Meer aus gut sichtbar.

HOTEL
CONCORDIA

50 Der gotische Abschluss der Basilika in Form von Spitzbogen und Tabernakeln geht zurück ins 15. Jh., ebenso wie die Statuen oberhalb der Giebel und innerhalb der Tabernakel selber.

51 In der Zeit vom 13. bis zum 15. Jh. erhielt das Äußere des Gebäudes sein heutiges Aussehen: Die fünf ursprünglichen Kuppeln wurden von höheren überbaut, die ihnen die typische „Zwiebelform" gaben. Andere bedeutende Maßnahmen sind Jacopo Sansovino zu verdanken, der seit 1529 der oberste Baumeister von San Marco war.

52 Nach der Eroberung Konstantinopels im Jahr 1204 wurde die Kirche um bedeutende Schätze bereichert. Zur Kriegsbeute, die aus der byzantinischen Stadt nach Venedig gebracht wurde, gehörten vier Bronzepferde aus dem Hippodrom. Sie wurden über dem Hauptportal aufgestellt und sollten an die militärische Stärke Venedigs und der Dogen erinnern. Die Originale stehen heute im Museo Marciano.

53 Auf dem Dach des Uhrturms, der seitlich der Markusbasilika steht, schlagen zwei mit Hämmern ausgestattete Bronzefiguren zu jeder vollen Stunde auf eine große Glocke mit einem Kreuz darauf. Die beiden riesigen Statuen stellen einen jungen und einen alten Menschen dar, sie symbolisieren die Vergänglichkeit der Zeit; aufgrund ihrer dunklen Patina sind sie auch als „Mohren" bekannt. Sie wurden gleichzeitig mit der Glocke am Ende des 15. Jh. fertiggestellt.

54 Neben der Markusbibliothek, die an der Piazzetta San Marco liegt – oben rechts im Bild –, befindet sich die *Zecca*, Venedigs Münzprägestätte, die von Jacopo Sansovino zwischen 1537 und 1547 neu aufgebaut und erweitert wurde. Der Hof der *Zecca* wurde 1904 mit einer Konstruktion aus Glas und Zement überdacht und dient heute der Markusbibliothek als Lesesaal.

55 Die Alten Prokuratien an der Nordseite der Piazza San Marco – hier die Ecke zur Ala Napoleonica, die links im Bild zu sehen ist – wurden ab 1517 von Guglielmo de' Grigi unter der Aufsicht des Baumeisters Bartolomeo Bon errichtet. Die letzten acht der insgesamt 50 Arkaden der Fassade wurden 1538 von dem neuen obersten Baumeister fertiggestellt, Jacopo Sansovino.

56 Die zum *Bacino San Marco* zeigende südliche Fassade des Dogenpalastes stammt aus den Jahren zwischen 1340 und 1355. Oberhalb der Arkaden folgt eine abwechselnd mit Kielbogen und Vierpassöffnungen verzierte Loggia.
Im zweiten Stock befindet sich die große Sala del Maggior Consiglio.

57 Die nördliche, zur Basilika hingewandte Seite des Hofes vom Dogenpalast wurde zu Beginn des 17. Jh. durch den Bau einer Loggia (1615) mit einer Uhr im oberen Bereich, links, und einer monumentalen Ädikula, rechts, neu gestaltet.

58 Am Ende der Piazzetta, vor dem *Bacino di San Marco*, erheben sich zwei Granitsäulen, die in der zweiten Hälfte des 12. Jh. errichtet wurden. Die beiden Statuen stellen San Marco und San Todaro dar, beides Schutzheilige der Stadt, sie wurden erst später auf den entsprechenden Säulenschaft aufgesetzt. Das Original der Figur von San Todaro wird heute im Dogenpalast aufbewahrt.

59 In der milden Wintersonne leuchtet einer der drei bronzenen Flaggenmasten vom Anfang des 16. Jh., die vor der Hauptfassade der Basilika stehen. Auch hier finden wir wieder das Wahrzeichen der Serenissima, den Markuslöwen.

60-61 Auf diesem Bild von der südwestlichen Ecke des Dogenpalastes zeigt sich das mehrfarbige Rautenmuster, mit dem das zweite Stockwerk verziert ist, in seiner ganzen Pracht. Auch der an den Abschluss einer Krone erinnernde Giebelschmuck trägt zur Verzierung des oberen Teils der Fassade bei.

62-63 Der mächtige geflügelte Löwe scheint auch heute noch den Zugang zur Stadt von der Lagune aus zu bewachen und zu schützen, obwohl nur noch harmlose Gondeln am Ufer liegen und sich im Wasser spiegeln.

64-65 Die Farbverläufe der Gebäude im *Sestiere* San Marco, von gelb über rosa und orange bis ziegelrot, formen ein buntes, harmonisches Gesamtbild.

66 An der Punta della Dogana steht die Kirche Santa Maria della Salute, sie wurde zwischen 1631 und 1674 nach einem Entwurf von Baldassare Longhena gebaut. Er hatte einen Zentralbau durchgesetzt, etwas völlig Neues für das Venedig von damals, und entschied sich für einen achtseitigen Umriss.

67 Zu den dahinter liegenden Gebäuden gehören das Seminario Patriarcale, ursprünglich ein Konvent des Somasker-Ordens, denen die Betreuung der Kirche oblag, das Oratorium der Trinitarier und die ehemaligen Salzlager, die an das Gebäude der Dogana da Mar angrenzen.

68-69 Die dreieckige Form der Punta della Dogana, äußerster Punkt des Stadtteils Dorsoduro, hebt sich deutlich vom Blau der Lagune ab, eine der effektvollsten Ansichten der Stadt.

70 Der Ponte dell'Accademia, eine der drei Brücken, die über den Canal Grande führen, verbindet die Sestieri Dorsoduro und San Marco. Die beiden anderen Brücken sind Ponte di Rialto, die älteste Brücke, und Ponte degli Scalzi, oft auch Ponte della stazione (Bahnhofsbrücke) genannt, weil sie direkt am Bahnhof Santa Lucia liegt.

72 Nicht weit von der Ala Napoleonica, rechts im Bild als Abschluss der großen Piazza, steht die Kirche San Moisè, ein Gebäude mit einer prächtigen Fassade aus dem 17. Jh., dessen Glockenturm man in der Mitte erkennen kann. Links davon verläuft der Rio di San Moisè, der mit seiner schnurgeraden Linienführung die Stadt zu zerschneiden scheint.

73 Das ursprüngliche Gebäude des Theaters La Fenice, das bereits 1836 den Flammen zum Opfer fiel, war in den Jahren 1790 und 1792 von dem Venezianer Giannantonio Selva gebaut worden. Nach dem furchtbaren Brand von 1996 wurde es nach Plänen von Aldo Rossi nochmals neu aufgebaut und Ende 2003 fertiggestellt. Die Eingangsfassade mit der Vorhalle in neoklassizistischem Stil überlebte die Flammen; Verzierungen, Gemälde und Einrichtungsgegenstände allerdings sind mit großer Kunstfertigkeit nachgebildet worden.

74 Die Kirche Santa Maria della Carità wurde nach ihrer 1806 von Napoleon veranlassten Säkularisierung zum Sitz der Akademie der Künste, zusammen mit der dazugehörigen Scuola Grande und dem ehemaligen Kloster der Lateranensischen Kanoniker. Heute ist dort die Gemäldegalerie der Kunstakademie, die *Accademia*, untergebracht mit der weltweit bedeutendsten Sammlung venezianischer Malerei.

75 Der Ponte dell'Accademia, eine einbogige Holzkonstruktion, wurde von Eugenio Miozzi erbaut und 1934 eingeweiht und ersetzte somit die vorherige Eisenkonstruktion von G. H. Neville aus dem Jahr 1854. Eigentlich sollte dies nur ein Provisorium sein bis zum Bau einer neuen Brücke aus Stein, aber sie steht heute noch immer an der gleichen Stelle zwischen Campo della Carità in Dorsoduro und Campo San Vidal auf der anderen Seite des Canal Grande.

PINOCCHIO

76-77 Campo Santo Stefano ist der erste große Platz, den man erreicht, wenn man über den Ponte dell'Accademia in Richtung San Marco läuft, gleich hinter San Vidal.
In der Mitte steht das Denkmal des Nicolò Tommaseo (1882), das umgeben ist von den Tischen der Bars und Cafés, die immer zahlreicher werden.

78 Die Rialtobrücke verbindet den gleichnamigen Bezirk mit dem *Sestiere* San Marco. Sie ist mit ihren Ladenreihen zu beiden Seiten unterhalb des Bogengangs eines der bekanntesten Wahrzeichen der Stadt.

79 Auf dem Campo San Giacomo di Rialto steht die gleichnamige Kirche, die die Venezianer auch San Giacometto nennen. Obwohl sie mehrfach umgebaut wurde, gilt sie als Venedigs älteste Kirche.
Der Campo wurde nach einem Brand im Januar 1514, der den gesamten Marktplatz erfasst hatte, völlig umgebaut.

80-81 Die 1591 nach einem Entwurf von Antonio di Ponte entstandene steinerne Rialtobrücke ist von ihrem Aufbau her der vorhergehenden Holzbrücke ähnlich – sie hat zwei schräge Aufgänge und nur einen Bogen.

82 Campo Manin fällt auf durch das moderne Bankgebäude der Cassa di Risparmio di Venezia, das auch am Campo San Luca liegt (auf der linken Seite). Das Gebäude stammt aus den frühen siebziger Jahren und wurde von Angelo Scattolin und Pierluigi Nervi entworfen.

83 Die im 9. Jh. gegründete Kirche San Zaccaria wurde zwischen 1458 und 1500 umgebaut. Ihr Innenraum ist dreigeteilt mit einem weiten Mittelschiff. Über dem Hauptaltar ist eine halbrunde Kuppel; außen wurde eine größere Holzkuppel mit einer Schicht aus Blei verkleidet, ähnlich wie die Kuppeln der Markusbasilika.

84 Die am Canal Grande liegenden *Palazzi* formen ein buntes Farbenmosaik.

85 links Auf dem Campo Sant'Angelo gibt es erstaunlicherweise keine Kirche. Dieser offene Platz mit seiner außergewöhnlichen, fast irrealen Atmosphäre entstand in der Tat durch den Abriss der alten Kirche des Erzengels Michael im Jahr 1837.

85 rechts Die alte Kirche San Salvatore mit dem angrenzenden ehemaligen Kloster wurde etwa von 1520 bis 1665 umgebaut. Das Problem der Raumbeleuchtung wurde von Vincenzo Scamozzi brillant gelöst, indem er jede der drei Kuppeln mit einer Laterne ausstattete.

86 Läuft man die Calle Larga XXII Marzo in Richtung San Marco entlang, gelangt man nach Überquerung des Ponte di San Moisè, unten im Bild, auf den gleichnamigen Platz direkt vor der monumentalen, üppig dekorierten Fassade der Kirche San Moisè. Es handelt sich hier um das älteste Beispiel barocker Baukunst in Venedig; die Kirche wurde 1632 an der Stelle eines älteren Tempels errichtet.

87 Zahlreiche, bunt abgedeckte Gondeln liegen im Bacino Orseolo, eine der romantischsten Ecken der Stadt, gleich hinter den Alten Prokuratien. Dieser kleine „Hafen" wurde 1869 angelegt, um für die Gondeln in unmittelbarer Nähe der Piazza San Marco eine Anlegestelle zu schaffen.

88-89 Der Rio della Pietà beginnt am *Bacino San Marco* und zieht sich vertikal, wie ein Schnitt, durch das gesamte Stadtviertel Castello, beinahe parallel zum Rio San Lorenzo. Hinter der Brücke nach der Kirche Sant'Antonino (links im Bild) wird er zum Rio Sant'Agostin, und kurz danach befindet sich die Scuola di San Giorgio degli Schiavoni.

90-91 Der Campo Santa Maria Formosa ist einer der stimmungsvollsten Plätze in Venedig. Die Kirche steht nahezu frei auf einem eher unregelmäßigen, aber weitläufigen Platz, der sich gut für Feste und Veranstaltungen aller Art eignet, wozu er früher auch häufig genutzt wurde.

92 Die im 15. und 16. Jh. anstelle eines anderen Sakralgebäudes erbaute Kirche Santa Maria Formosa spiegelt alle Regeln der Renaissance wider und kann als das Meisterwerk von Mauro Codussi bezeichnet werden. Der dreischiffige Grundriss in Form eines lateinischen Kreuzes mit breitem Querhaus wurde harmonisch über den ursprünglich zentralen Grundriss in Form eines griechischen Kreuzes gebaut. Die halbrunde Kuppel befindet sich am Kreuzungspunkt der beinahe gleich langen Schiffe.

93 Von oben gesehen hebt sich der barocke Campanile von Santa Maria Formosa mit seiner gewölbten Spitze hell von der Umgebung des Campo ab. Er wurde 1668 nach einem verheerenden Erdbeben nach Entwürfen von Francesco Zucconi errichtet.

94 Die Außenseite der Kirche Santa Maria Gloriosa dei Frari besticht durch ihre klaren Linien und schlichten Verzierungen. Die Ziegelmauern sind mit istrischem Stein und rotem Marmor aus Verona verziert.

95 Lang- und Querhaus der basilikalen Kirche bilden im Grundriss ein lateinisches Kreuz, das an der oberen Seite durch eine Apsis abgeschlossen ist. Der Campanile, ein mächtiger quadratischer Bau, ist mit seinen 70 m nach dem von San Marco der zweithöchste der Stadt.

96-97 Die Gondeln mit ihrer typischen schlanken Form liegen vertäut am Canal Grande in der Nähe der Ca' d'Oro. Trotz einer Länge von 11 m werden diese einzigartigen Boote mit großem Geschick von einer einzigen Person mit nur einem Ruder gesteuert.

98 Hinter den klaren Umrissen des Campanile von Santa Maria Formosa, der aus einem endlosen Dächerwald herausragt, erkennt man die Kirche Santi Giovanni e Paolo, für die Venezianer „San Zanipolo", die große Klosterkirche der Dominikaner. Im Bild sieht man die Fassade, die mit drei Tabernakeln aus istrischem Stein oberhalb des Giebels noch erhöht wird. Die Statuen der drei Heiligen darin sind: Girolamo, Domenico – Begründer des Ordens – und Pietro Martire.

99 Links von San Zanipolo steht die ehemalige Scuola Grande di San Marco. Ihre prächtige, in zwei Abschnitte geteilte und mit Marmor verzierte Fassade ist das Ergebnis eines nach dem verheerenden Brand von 1485 erfolgten Umbaus. Die durch Friese und Reliefs geschmückte Stirnseite ist mit ihrem ausgeprägten und eleganten Gesamtbild ein Meisterwerk der frühen Renaissance.

100 Der Zugang zum Arsenal vom Wasser her, an der Darsena Vecchia, ist durch zwei alte, im 17. Jh. wieder aufgebaute Türme gekennzeichnet, einer der beiden wurde im 19. Jh. erneut baulich verändert.

101 Die Hallen, in denen sich einst die Schmieden, Lager, Werkstätten und Werften, die Waffen- und Munitionslager befanden, die Venedig im Mittelalter zur Macht verhalfen, erstrecken sich, soweit das Auge reicht zwischen der Darsena Vecchia, im Bild, und der Darsena Grande, ehemals Nuova und Nuovissima.

102-103 Das Gelände des Arsenal bestand ursprünglich aus Sumpfgebieten, die nach und nach trockengelegt und zu dem gemacht wurden, was als das Herz der „Kriegsindustrie" der Stadt galt. In dieser großen staatlichen Werftanlage erfolgte die für die Verteidigung der Serenissima unverzichtbare Schiffs- und Waffenproduktion.

104 Auf der Insel San Clemente steht heute eines der exklusivsten Hotels der Stadt. Die kleine Insel ist bewohnt seit 1131 und beherbergte Pilger auf dem Weg in das Heilige Land. Die heute vom Hotel genutzten Gebäude waren früher, ab der zweiten Hälfte des 17. Jh., ein Konvent des Ordens der Kamaldulenser.

105 Die Grundmauern der Kirche San Pietro di Castello gehen zurück in das 7. Jh., ebenso wie die der kleinen Festung, die später dem ganzen Gebiet seinen Namen gab. Die Kirche, die man heute sieht, ist eine Neugestaltung aus dem 16. Jh. nach Entwürfen von Andrea Palladio.

106 Venedigs Friedhof liegt eigentlich auf zwei Inseln, San Michele und San Cristoforo. 1835 wurden diese aus praktischen Gründen verbunden, indem der zwischen ihnen verlaufende Kanal zugeschüttet wurde. Der Friedhof wurde nach einem Edikt von Napoleon errichtet, das den Venezianern verbot, ihre Toten in der Stadt zu verbrennen.

107 Der Lido di Venezia ist eine schmale Insel zwischen der venezianischen Lagune und dem Meer; die bedeutendsten Gebäude auf dem Lido stammen aus dem 17. Jh. In den frühen dreißiger Jahren wurden das Casino und der Palazzo del Cinema errichtet, wo in jedem Jahr das internationale Filmfestival „Mostra Internazionale d'Arte Cinematografica" stattfindet.

108-109 Über dem weißen Meer der von Schnee bedeckten Dächer scheinen die weichen Umrisse von vier der fünf Kuppeln der Markusbasilika zu schweben; orientalisch geprägte Klänge einer fernen Welt und unverkennbare Symbole einer Stadt, die immer nach Osten hin ausgerichtet war.

110-111 Die weiße Fläche rund um den Uhrturm wirft blasse Sonnenstrahlen zurück, was die Farben der *Palazzi* an der Piazza hervorhebt; auf dem Dach der Basilika hingegen bedeckt der Schnee jede Unebenheit an der Verzierung der Fialen.

112 Nach einem heftigen Schneefall ist die Riva degli Schiavoni von einem Dunstschleier eingehüllt; wie Geisterschiffe liegen Boote und *Vaporetti* vertäut an der Grenze einer magischen und verschleierten Welt. Der im Vordergrund zu sehende Giebelschmuck des Dogenpalastes wirkt wie zarte, weiße Spitze.

113 Die Statue von San Todaro, an der Öffnung der Piazzetta, dient den Gondeln, die im Bacino San Marco liegen und auf ihren nächsten Einsatz warten, als stiller Wächter. Stangen und Pfähle sind typische Elemente der Lagunenlandschaft, sie weisen den Weg und markieren die Fahrrinnen.

SERVIZIO GONDOLE
ESCURSIONI ALLE
MURANO-BURANO
PARTENZE
MATTINO

114 Unter einem bleiernen Himmel, nur kurz von einem Lichtstrahl aufgehellt, der sich durch den Wolkenschleier stiehlt, unterstreicht die weiße Schneeschicht auf der Piazza San Marco noch die Ausstrahlung des Platzes; dieser weitläufige, völlig weiße Raum mitten im dichten Netz der ihn umgebenden Stadt wird durch die Fassaden der drei verschiedenen Gebäudeflügel begrenzt und geformt.

115 Die Insel San Giorgio liegt unter einer dichten Schneedecke. Das ehemalige Kloster neben der Kirche, an dem große Architekten wie Andrea Palladio und Baldassare Longhena mitwirkten, ist heute Sitz der „Fondazione Cini", einer wichtigen kulturellen Einrichtung von internationaler Bedeutung, der auch die Restaurierung des Klosters zu verdanken ist.

LANDSCHAFTEN

Venetien mit Venedig gleichzusetzen, würde einer der interessantesten Regionen Italiens nicht gerecht werden. In welchem anderen Teil der Halbinsel findet man denn Berge, Meer, Hügel, Flusslandschaften, Sümpfe und Lagunen? Aber nicht nur dies: Die Gegenwart des Menschen in Venetien ist offensichtlich, und doch gibt es gleichzeitig auch noch fast unberührte Landstriche. So stehen riesige Anbauflächen auch immer den Überresten alter Wälder gegenüber; finden sich seit Menschengedenken bevölkerte Hochebenen (zum Beispiel die von Asiago) unweit von inzwischen brackigen Flussniederungen (das Po-Delta), wo die ländliche Kultur seit Jahrhunderten sich selbst treu geblieben ist. Es gibt so viel Natur in dieser Region, dass nicht einmal die Jahrtausende dauernde Belagerung durch den Menschen – Zeiten in denen unterschiedlichste Wanderbewegungen und Bevölkerungen aufeinanderfolgten – unwiderrufliche Umweltschäden hervorgerufen haben. Es gibt nur eine einzige Ausnahme: die Wälder. Sie bedeckten einst einen großen Teil der Ebene, dehnten sich aus bis zur Küste und rings um die Lagune von Venedig; als das rasche Wachstum Venedigs im Mittelalter, sowohl als Stadt als auch als Seemacht, Holz für den Bau von Häusern und Schiffen erforderte, wurden sie ausgebeutet und beinahe vernichtet. Der Eingriff durch den Menschen zeigt sich auch bei den Flussbegradigungen und den zaghaften Versuchen, dem Hochwasser in der Lagune von Venedig Einhalt zu gebieten. Umweltschützer haben im Laufe der letzten Jahrzehnte aufmerksam gemacht auf den Rückgang der Bergwälder, die Zunahme von Industriezentren, die Umweltveränderungen im Delta und in der Lagune, die zunehmende Bebauung der Badeorte, den Bau neuer Straßen sowie auf die zu stark in die Bergwelt eingreifenden Skiliftanlagen am Fuße der Dolomiten und im Cadore-Gebiet. Kurz gesagt, sie haben alle Erneuerungsmaßnahmen in Frage gestellt, die dazu beigetragen haben, aus Venetien eine Art „neue Lokomotive" der italienischen Wirtschaft zu machen. Ohne Zweifel ist Fortschritt, der ungeplant und zu rasch verläuft, schwer zu kontrollieren, daher können zahlreiche Fehler gemacht worden sein. Aber die folgenden Seiten werden zeigen, dass die Naturreichtümer Venetiens im Grunde die letzten zwanzig Jahre unbeschadet überlebt haben.

116 links Die Lagune von Venedig ist überzogen von Landzungen, den sogenannten *barene*. Dabei handelt es sich um Erhöhungen aus Ton und Sand vom Meeresgrund, die aus dem Wasser herausragen.

116 rechts Das Valdobbiadene liegt zwischen den Bergausläufern der bellunesischen Dolomiten und dem breiten Kiesbett des Piave. Seine Weinberge bringen Weine hervor, die in der ganzen Welt bekannt sind.

117 Die Tofana di Rozes, der Symbolberg von Cortina, wurde 1786 von Balmat und Paccard bezwungen, aber erst nach 1837 wurden diese Gipfel von Bergsteigern neu entdeckt.

119 Das Valdobbiadene war vermutlich bereits seit der Bronzezeit bewohnt, aber erste sichere historische Belege stammen aus dem Jahr 1116, als Kaiser Heinrich V. die Grenzen des Gebiets festlegte.

Die Reise in die Naturwunder Venetiens beginnt an der Grenze zum Trentino, in den Dolomiten.

Die Dolomiten, ein wundervolles Amphitheater der Natur, hervorgegangen aus dem Meer und gestaltet von der Zeit, verdanken ihren Namen dem französischen Geologen Déodat de Dolomieu (1750 – 1801); er war der Erste, der Gesteinsproben dieser Berge zu einem Forschungsgebiet machte. Mit den Dolomiten verbindet sich in der Vorstellung auch immer der legendäre Name „Monti Pallidi", blasse Berge, der zu dem passt, was passiert, wenn sich der Tag dem Ende zuneigt und diese Berge bei Sonnenuntergang ein Farbspektrum ausstrahlen, das von Rosa bis zu Violett reicht. Im ladinischen Dialekt wird diese Erscheinung mit dem Begriff *enrosadira*, sich rosafärbend, bezeichnet, ein passender Ausdruck für diese märchenhafte Atmosphäre in den Dolomiten.

Zu den beeindruckendsten Bergen der venetischen Dolomiten (wobei die meisten an der Grenze zwischen Trentino, Südtirol und Venetien liegen) gehören die Sella-Gruppe, der Puez Odle, die Tofanen und die Marmolata, sie alle ziehen den Betrachter in ihren Bann mit ihren Felsformationen, einzigartigen Lichtspielen, bedrohlichen Felsvorsprüngen und atemberaubenden Panoramen. So wie Venedig als die Königin vom *Veneto Basso* gilt, ist Cortina die „Perle der Dolomiten", eingebettet in eine Talmulde, umrahmt von den Bergen Cristallo, Sorapis, Pomagagnon-Kamm, Croda-da-Lago-Bergmassiv, Nuvolau und den Tofanen.

Auf geringerer Höhe beginnt das Reich der Hochebenen. Die bekannteste und imposanteste davon ist die Hochebene der Sie-

120 links Es ist kaum vorstellbar, dass die untere Basis der Sella-Gruppe (die zu den Provinzen Belluno, Trento und Bozen gehört) vor über 224 Millionen Jahren entstand, als diese Gegend ein ruhiges, tropisches Meer mit Korallen, Algen und Schwämmen war.

ben Gemeinden, auch Hochebene von Asiago genannt, ein Gebiet von großer künstlerischer, historischer und naturwissenschaftlicher Bedeutung. In den grünen Wäldern und ausgedehnten Weideflächen leben Murmeltiere, Hirsche, Gämsen und einige Adler. Aber auch die Flora ist faszinierend, so findet man Lilien, Enzian, Edelweiß, Sonnentau und vieles mehr. Erinnerungen an den Ersten Weltkrieg, dem Tausende von österreichischen und italienischen Soldaten zum Opfer gefallen sind, begegnet man auf der Hochebene in Befestigungsanlagen und Museen. Die Landschaft ist auch dort rau, wo sie scheinbar sanfter ist. Es ist eine Karstlandschaft, charakterisiert durch Einsturztrichter und Täler, wo es kein Wasser an der Oberfläche gibt. In dem Gebiet weiter nördlich, auf einer Höhe von etwa 2000 Metern, erinnert die Gegend schon fast an eine Mondlandschaft. Der mittlere und südliche Teil dagegen liegen in einer großartigen Waldlandschaft. Vom Zentrum der Hochebene aus öffnet sich ein eindrucksvoller Blick über fast ganz Venetien. Gleich unterhalb im Süden liegt die Ebene, in der Ferne hingegen zeigen sich die Colli Euganei, und noch weiter entfernt sieht man an klaren Tagen den nördlichen Appenin und das Meer. Nach Westen hin scheinen sich die sanften Abhänge mit den mächtigen Massiven des Pasubio und des Carega zu vereinen, die bis spät ins Jahr schneebedeckt sind. Von den kahlen Gipfeln im Norden beschert uns die Aussicht immense Schluchten, die teilweise 1500 Meter tief in das Valsugana hinunterstürzen, den Levico- und den Caldonazzo-See und in der Ferne die majestätische Bergkette der Lagorai, die Cima d'Asta und die Dolomiten. Im Osten geht die Hochebene in das Monte-Grappa-Massiv über, wird aber durch die tiefe Schlucht des Brenta-Kanals mit seinen beeindruckenden Felsstufen unterbrochen. Wir folgen der Brenta flussabwärts bis auf die Höhe der Colli Euganei. Die Euganeischen Hügel sind eine Landschaft vulkanischen Ursprungs, die zahlreichen heißen Quellen bezeugen dies; das heilende Thermalwasser ist die Grundlage des Wohlstands bekannter Badeorte. Eine gewisse Leichtigkeit und Sicherheit strahlen diese seit Urzeiten hier stehenden konischen, rundlichen Hügel aus, die bewachsen sind mit Niederwald, Robinien und Haselnussbäumen und deren Namen auf uralte Völker zurückgehen.

Von hier aus kann man noch weiter nach Westen, wo man in die stille Landschaft der Monti Berici und der Hügel vor dem Gardasee eintaucht. Die Gegend um Verona bietet Naturliebhabern wunderbare Weinorte rund um die Monti Lessini, noch bevor man zum *Lacus Benacus*, dem Gardasee, und nach Peschiera gelangt. Von hier aus kann man bei klarer Sicht über dem See die Halbinsel Sirmione sehen mit der Wasserburg Rocca Scaligera, die weit in den Gardasee hineinragt; Sirmione liegt bereits in der

120 Mitte Die vor vielen Jahrhunderten von den Zimbern besiedelte Hochebene von Asiago bietet eine unglaubliche Vielfalt an Ausblicken.

120 rechts Die Lagune von Venedig verläuft in der Form eines Bogens von Nordosten nach Süden. Arbeiten zur Erhaltung, Nutzung und Befestigung des Gebiets sind schon aus früherer Zeit bekannt, bereits 1501 gab es dafür ein besonderes Amt, den *Magistrato delle Acque* (Wasserinspektor).

Lombardei, denn hier, in Peschiera, ist die Grenze zwischen den beiden Regionen, die an Bardolino vorbei über Torri del Benaco bis zu den Ausläufern des Monte Baldo verläuft.
Weiter im Süden beginnt das Venetien des Po. Dieser „freundliche Riese" ist der längste Fluss Italiens; er durchquert die Ebene bis zur Adria, wo er in ein Delta mündet und eine der größten Feuchtlandschaften Europas und des Mittelmeerraums entstehen lässt. In dieser einzigartigen Landschaft gibt es sowohl Gebiete, die sich durch natürlich bedingte Sedimentablagerungen des Flusses gebildet haben, als auch solche, die durch den Eingriff des Menschen entstanden, der über Jahrhunderte hinweg Kanäle gebaut und das Land urbar gemacht hat. Im Deltagebiet sind Natur, Geschichte, Tradition, Kultur und Kunst miteinander verwoben und bieten dem Besucher eine unbekannte und erstaunliche Landschaft. Verschiedene Habitate lassen sich im Delta unterscheiden, und jedes hat seine ganz eigenen Charakteristika. Da gibt es das Ackerland mit den alten Flussbetten, fossile Dünen, Dämme mit ihrem Vorland, Fischfanggebiete im Brackwasser, Lagunen, Buchten und Sandbänke. Jedes einzelne dieser Gebiete hat seine besonderen Farben und Formen.
Die Küste – vom Delta bis Bibione ist sie ein ständiger Wechsel zwischen Sandstränden und Binnenseen, die aus der fruchtbaren Wechselwirkung zwischen Wasser und Land entstanden, eine der für die gesamte Region typischen Konstanten. Bevor wir aber näher auf die Küste eingehen, ein paar Worte zu einer der außergewöhnlichsten Landschaften Italiens, die heute als Naturpark geschützt ist: der Fluss Sile. Die oberen Gebiete der venetischen Ebene, nördlich des Sile, bestehen aus durchlässigem Kies und nehmen das Wasser aus Niederschlägen und Ausläufern der Flüsse, vor allem des Piave, auf. Die Besonderheit eines solchen Gebietes ist, dass unterirdisch sehr viel Wasser fließt, während an der Oberfläche praktisch nichts davon zu sehen ist. Weiter unten besteht die Ebene hingegen vorwiegend aus undurchlässiger Tonerde, weshalb die Oberfläche von einem dichten Flussnetz durchzogen ist, unter der Oberfläche aber wenig Wasser fließt. Diese unterschiedlichen Bodenbedingungen sind die Ursache dafür, dass Flüsse auch in der Ebene entspringen können. Solche Quellen lassen den Fluss Sile und zahlreiche seiner Nebenflüsse entstehen, die zusammen eine einzigartige Naturlandschaft bilden.
Nördlich vom Lido di Jesolo, dem virtuellen Ende der Lagune, jenseits der Mündungen von Piave, Sile und Livenza, beginnt Caorle mit seinem über fünfzehn Kilometer langen Sandstrand, nördlich davon schließt sich die Lagune an, eine Art Fjord, der sich fast fünfzehn Kilometer weit in das Landesinnere erstreckt und unberührte Natur bietet. Eine Umgebung, die Ernest Hemingway so sehr gefiel, dass er sie beschrieb in seinem Buch *Über den Fluß und in die Wälder.*

123 Einige Bereiche der Lagune sind der Fischzucht vorbehalten. Diese sogenannten *valli da pesca* bestehen aus Dämmen und einem komplexen Schleusensystem. Zu den hier gezüchteten Arten gehören Wolfsbarsch, Dorade und Aal; eher selten Scholle, Meerbarbe und Krabbe. Auch Krebse und Stör werden gezüchtet, und seit kurzer Zeit versuchen sich einige Kooperativen an der Zucht von Miesmuscheln, Venusmuscheln und Austern.

124 Mit seinen 3221 m ist der Monte Cristallo, nicht weit von Cortina d'Ampezzo, einer der höchsten Berge der Dolomiten von Belluno.

125 Die Ortsansässigen nennen den Monte Cristallo auch „Croda de Bertoldo" nach einer alten Legende um einen Hirten mit Namen Bertoldo, eine Prinzessin und ein verzaubertes Schloss auf diesem Berg.

126-127 Die Tofanen sind ihrer Schönheit und ihrer Nähe zu Cortina d'Ampezzo wegen berühmt. Sie erstrecken sich von der Talmulde dieser Kleinstadt bis zum Travenanzes-Tal. Die Berge werden auch „die drei Schwestern" genannt, sie sind sich nah und doch ganz anders: Tofana di Rozes mit 3225 m (Seite 127), Tofana di Mezzo (links im Foto Seite 126) und Tofana di Dentro mit 3238 m. Mit 3244 m ist die Tofana di Mezzo die höchste der drei. Während des Ersten Weltkriegs waren die Tofanen Schauplatz für einen zermürbenden Stellungskrieg. Noch heute kann man von beiden Kriegsparteien die Gräben sehen.

128 Mit dem Hochgebirge verbindet man das Murmeltier mit seinem weißen Fell, auf der Tofana di Rozes (Provinz Belluno) lebt es in beachtlichen Kolonien. Aber auch Hasen und Hermeline leben hier, und seit kurzem gibt es auch wieder drei Pärchen von Steinadlern, dem größten Raubvogel der Region.

129 Das Gipfelplateau des Pelmetto, auf einer Höhe von fast 3000 m, wird vom Monte Pelmo durch eine tiefe Spalte im Bergkamm, die Fisura, getrennt.

130 Die Hohe Gaisl (Croda Rossa d'Ampezzo, 3146 m) erstrahlt vor allem bei Sonnenaufgang in rötlichen Tönen. Der Legende nach kommt die Farbe von den Wangen der schönen Müllerin, die hier mit den Murmeltieren lebte und errötete, als ein Prinz um sie warb.

131 Das Bergmassiv der Cinque Torri (Fünf Türme) gehört zu den berühmtesten und meistbesuchten Bergen der Ampezzaner Dolomiten. Eine der niedrigeren Felsnadeln, die Torre Trephor, stürzte 2004 nach einem durch die Schneeschmelze verursachten Erdrutsch in sich zusammen.

132-133 Touristen gibt es auf der Marmolata seit der zweiten Hälfte des 19. Jh., als die ersten Bergführer 1862 Persönlichkeiten wie den Wiener Paul Grohmann beim Aufstieg unterstützten, der damals den Gipfel der Punta Rocca (3310 m) erreichte (die beiden Fotos sind aus verschiedenen Perspektiven aufgenommen). Von diesen und anderen Unternehmungen erzählt das Buch *Wanderungen in den Dolomiten*, das maßgeblich zur Steigerung des Bekanntheitsgrades dieser herrlichen Bergkette beitrug.

134-135 Die Pale di San Martino im Naturpark Paneveggio bedecken ein Gebiet von 240 km^2 und erreichen eine Höhe von 2800 m. Diese zwischen den Provinzen Belluno und Trentino liegende Bergkette besteht aus Dolomit, einem Sedimentgestein aus Kalziumkarbonat und Magnesium, das von Déodat de Dolomieu erforscht wurde; nach ihm wurde das gesamte Gebiet benannt.

136-137 Millionen von Touristen besuchen heute den Sass Pordoi. Möglich wurde dies unter anderem durch zwei im 20. Jh. fertiggestellte Arbeiten: die Straße zum Pordoijoch und die Kabinenbahn zum Sass Pordoi (2950 m), eine der ersten in den Dolomiten, sie wurde 1967 in Betrieb genommen. Die Fortschritte rund um dieses wunderschöne Bergmassiv verdanken wir auch der harten Arbeit einer Frau, Maria Piaz. Sie hatte 1902 eine Hütte in der Nähe des Pordoijochs erworben und begann, Reisenden, Bergsteigern, Pilgern und Händlern, die auf dem Weg zum Fassa-Tal hier vorbeikamen, Hilfe und Unterstützung anzubieten. Ihr ganzes Leben widmete sie diesem Berg.

138-139 Der Piz Boè (Provinz Belluno) ist zwar einer der höchsten Gipfel der Sella-Gruppe mit weit mehr als 3000 m Höhe, und doch ist es dank der nahe gelegenen Seilbahn vom Sass Pordoi nicht schwierig, den Gipfel zu erreichen.

140 Unzählige Windsurf-Schulen gibt es am Gardasee, dem größten Binnensee Italiens. Er liegt zwischen den drei Regionen Lombardei, Trentino und Venetien. Am Ende des Kurses sind alle Teilnehmmer aufgerufen, die eigenen Fähigkeiten in einer Regatta zu messen.

141 Der Monte Baldo, eine fast 40 km lange Bergkette zwischen den Provinzen Verona und Trento, bietet ein einzigartiges Panorama über den Gardasee. Das isoliert stehende recht-eckige Bergmassiv des Monte Baldo befindet sich am westlichen Ende des Voralpenlands.

142 Die Hochebene von Asiago wird auch die Hochebene der Sieben Gemeinden genannt; während des Ersten Weltkriegs wurde Asiago fast völlig zerstört. Die Gegend hat eine lange Geschichte: Laut der Legende haben sich die Zimbern nach der Niederschlagung durch die Römer hier niedergelassen, aber wahrscheinlicher ist, dass es sich um germanische Volksstämme handelte, die hier im 7. und im 10. Jh. eintrafen.

143 Dort wo die drei Provinzen Vicenza, Treviso und Belluno zusammentreffen, liegt der Monte Grappa, der höchste Gipfel des gleichnamigen Bergmassivs und auch des Alpenvorlands. Das Massiv erhebt sich zwischen den Tälern von Brenta und Piave, sein Ursprung reicht etwa 10 Millionen Jahre zurück, als die afrikanische und die europäische Kontinentalscholle aufeinandertrafen.

144 Die Hochebene von Asiago (der Sieben Gemeinden) liegt unweit der Po-Ebene zwischen den Flüssen Astico und Brenta in der Provinz Vicenza. Sie besteht aus zwei Stufen auf unterschiedlicher Höhe: Die erste Stufe liegt auf 1000 m Höhe, die zweite auf 2341 m.

145 Die Colli Euganei befinden sich südwestlich von Padua, ihre größte Erhebung ist der Monte Venda mit 601 m. 1989 wurde der *Parco Regionale dei Colli Euganei* gestiftet, er umfasst eine Fläche von 18 694 ha.

146 Die Stadt Vittorio Veneto (Provinz Treviso) ist historisch interessant, hat aber auch eine reizvolle Umgebung. Es gibt zahlreiche Täler im Umland, einige davon sind ihrer Schönheit wegen von Malern wie Tiziano Vecellio (1490 – 1576) verewigt worden. Sein Bild mit dem Titel *Amor Sacro e Amor Profano* zeigt zum Beispiel das Val Lapisina.

147 Die Umgebung von Asolo (Provinz Treviso) erstreckt sich über die umliegenden Hügel, geschützt durch die Lage am Fuß der Berge und, etwas weiter westlich, durch das Grappa-Massiv. Im angrenzenden Gebiet wechseln sich sanfte Hügel, bewachsen mit Oliven, Weinstöcken und Zypressen, und jahrhundertealte Wälder ab.

148 Der Piave fließt im Gebiet von Montello (Provinz Vicenza) teilweise über Felsen aus Konglomerat. Das Konglomerat, hier aufgenommen nach einem heftigen Schneefall, besteht aus angeschwemmtem Kies, der sich mit der Zeit durch den Druck und den hohen Kalkgehalt im Wasser zusammenballt.

I-6922

150 Eine Flugdarbietung von Kleinflugzeugen macht diese Aufnahme vom Po-Delta besonders reizvoll. Das Delta ist einem ständigen Wandel ausgesetzt, jährlich vergrößert sich seine Fläche durch Sedimentablagerungen um etwa 60 ha.

151 Das etwa 400 km^2 große Gebiet des Po-Deltas liegt in der Provinz Rovigo (zwischen Venedig und Ferrara) und breitet sich aus zwischen der Etsch im Norden und der Lagune Sacca di Scardovari im Süden. Aufnahmen vom Flugzeug aus ermöglichen es, diese faszinierende Landschaft mit ihrer unglaublichen Vielfalt in einem Blick zu erfassen.

152-153 Im Po-Delta vorhandene Wirtschaftszweige basieren auf Klein- und Kleinstbetrieben, deren Produktion eng mit den Besonderheiten des Gebiets verbunden ist und hauptsächlich auf der Landwirtschaft beruht. Angebaut wird viel Mais, Getreide, Soja, Mangold, außerdem natürlich Obst und Reis.

154-155 Die Sacca di Scardovari (Provinz Rovigo) erstreckt sich über 200 ha, sie ist eine der größten Brackwasserlagunen der nördlichen Adria. Auf dem Grund der Lagune liegen hauptsächlich tonhaltige und schlammige Ablagerungen; sandigen Boden findet man an Stellen mit stärkerer Strömung, meist in der Nähe der Mündung ins Meer. Das Gebiet um die Lagune wird in drei verschiedene Zonen unterteilt: die Sacca selber mit offenem Gewässer, die dicht mit Röhricht bewachsene Valle di Gorino und eine Sandbank, die sich von der Mündung des Po aus erstreckt.

156-157 Die Lagune von Venedig besteht aus zahlreichen natürlichen oder künstlichen Salzwasserbecken, die nicht sehr tief sind, sich aber gut für die Fischzucht eignen. Sie sind ausgestattet mit Dämmen, Kanälen, Sammel- und Winterfischteichen, Salz- und Süßwasserzuläufen sowie Schleusen, über die das Einsetzen der Fische erfolgt.

158-159 Von oben gesehen bietet die Lagune von Venedig ein noch interessanteres und vielseitigeres Schauspiel. Erst so werden die Abgrenzungen zwischen den dunklen Schlickbänken (*velme*), die nur bei Ebbe an die Oberfläche kommen, den Flachwasserbereichen und den mit niedriger und widerstandsfähiger Vegetation bewachsenen Untiefen (*barene*) deutlich. Strömung und Ablagerungen formen diese Gebiete immer wieder aufs Neue.

160-161 Je mehr man sich dem Meer nähert, desto stärker verändert sich auch die aus der Lagune herausragende Landmasse: Sie wird immer sandiger, wodurch sich natürlich auch die Farben verändern.

STÄDTE UND DÖRFER

Sie waren Venedigs Vasallen, haben Momente von Pracht und Verfall erlebt, manchmal auch wirkliche Armut. Viele Ortschaften wurden von den Römern gegründet in strategisch wichtigen Lagen, auf den wichtigsten Wegen in den Balkan oder nach Germanien; oder es waren reiche Städte, in denen die wohlhabendsten Familien Häuser, Kirchen, manchmal ganze Stadtviertel errichteten von solcher Pracht, dass man auch heute noch aus dem Staunen nicht herauskommt. Ähnlich wie in der Toskana sind auch in Venetien auf dieser Grundlage zahlreiche sehenswerte Ortschaften entstanden, unabhängig von der Größe. In der Toskana war die blühende Entwicklung einiger Städte durch den Krieg bedingt (man denke an den jahrhundertealten Konflikt zwischen Florenz und Siena oder die alten Auseinandersetzungen zwischen Lucca, Arezzo, Pisa und Livorno), in Venetien hingegen muss die Antriebsfeder für die Entstehung der schönsten Städte in der Vielschichtigkeit der historischen Erfahrungen und in der Dialektik zwischen den Kulturen gesucht werden. Daher gibt es Städte wie Verona, wo sich neben großartigen römischen Überresten ein mittelalterliches Stadtzentrum befindet, das aber auch von Meisterwerken der Renaissance geprägt ist. Die durch Shakespeare und seine tragische Liebesgeschichte *Romeo und Julia* weltberühmt gewordene Stadt zeigt viele Spuren prunkvoller römischer Geschichte: an erster Stelle natürlich die Arena, das bei Opernliebhabern der ganzen Welt populäre Amphitheater, aber auch das Theater, die Porta dei Borsari, der Arco dei Gavi. Die von der Etsch durchzogene Stadt hat im älteren Teil viele mittelalterliche Plätze, die untereinander durch Gassen und Passagen verbunden sind; zu den schönsten gehören die Piazza delle Erbe und die Piazza dei Signori.

Das nahe gelegene Vicenza verdankt den größten Teil seiner Meisterwerke dem Genie eines einzigen Mannes. Vicenza und Palladio – beide Namen sind untrennbar miteinander verbunden. Diese Stadt römischen Ursprungs stand lange unter dem Einfluss Venedigs; es gibt hier wundervolle *Palazzi*, vor allem jene, die unter dem Einfluss von Palladio entstanden, der 1580 in Vicenza starb. Eine Schicht reicher, ehrgeiziger Vicentiner, die in ständigem Wettstreit mit Venedig lag, stellte dem Architekten aus Padua das Herz einer ganzen Stadt zur Verfügung, an der er seine Fähigkeiten zei-

162 links Vittorio Veneto, zu Füßen des bellunesischen Voralpenlandes in der Provinz Treviso, entstand durch die Vereinigung der Ortschaften Serravalle und Ceneda.

162 rechts Auf dieser Aufnahme vom Zentrum von Conegliano (Provinz Treviso) erkennt man links den Campanile des Doms und rechts, an der Piazza Cima, das klassizistische Teatro dell'Accademia.

163 Die Kirche des Sant'Antonio – auch einfach „il Santo" genannt – ist das bekannteste Sakralgebäude von Padua und eine der berühmtesten und meistbesuchten Pilgerstätten Italiens.

165 Der Corso del Popolo in Chioggia (Provinz Venedig), wird auch „la Piazza" genannt, er ist durchschnittlich 24 m breit und durchzieht die Stadt von Norden nach Süden parallel zum dahinter liegenden Canale della Vena. An dieser Hauptverkehrsader der Stadt liegt die Kirche Sant'Andrea.

gen konnte. Palladios Erfolg begann mit der monumentalen Basilika auf der Piazza dei Signori, seinem ersten öffentlichen Werk. In Vicenza begegnet man Palladio und der rationalen Formensprache seiner Bauten auf Schritt und Tritt: von der Loggia del Capitanio zum Palazzo Chiericati, dem heuten Sitz des Museo Civico; vom Palazzo Marcantonio Thiene bis zu seinem Meisterstück, dem letzten großen Werk, dem Teatro Olimpico. Dieses grandiose Gebäude, das entstand wie viele andere Theater der Renaissance, denen vielleicht nur ein kurzes Leben vergönnt war, ist auch heute noch ein Kunsterbe, völlig intakt in seiner Schönheit. Aber am besten konnte Palladio seine Fähigkeiten in den Villen zum Ausdruck bringen, wie zum Beispiel die berühmte Villa Capra, besser bekannt als *La Rotonda*.

Auf der idealen Strecke in Richtung Venedig liegt Padua, älter als Rom und der Sage nach von dem Trojaner Antenor gegründet. Padua, die Stadt des meistgeliebten Heiligen der Welt, jener Antonio von Lissabon, der vom einfachen Leben der ersten Franziskaner so angetan war, dass er Prediger wurde und seine Tage in dieser Stadt beendete. Padua, Universitätsstadt der „gran dottori", ganz traditionsbewusst, wo Galileo Galilei seine Vorlesungen hielt, bevor er sich von Großherzog Cosimo II. abwerben ließ. Padua, Kunststadt, reich an Malerei und Architektur: von den Überresten des römischen Patavium, einer reichen und lebhaften Stadt des Kaiserreiches, bis zum mittelalterlichen Palazzo della Ragione und der geliebten Basilika des Heiligen, in der auch sein Grab liegt. Die kostbaren Fresken von Giotto in der Cappella Scrovegni

166 links Das heutige Aussehen des Doms zu Padua beruht auf den im 16. Jh. nach Entwürfen von Michelangelo vorgenommenen Umbauten.

166 Mitte Auf der Insel San Domenico in Chioggia steht die gleichnamige Kirche mit ihrem schönen Campanile aus dem 14. Jh. und wertvollen Gemälden.

machen Padua auch zur Kunstwiege des 14. Jahrhunderts; Giusto de' Menabuoi und Donatello werden später den Wundern des Heiligen Antonius in den Reliefs am Hauptaltar der Basilika Leben einhauchen und das Reiterstandbild des Gattamelata anfertigen; schließlich auch Andrea Mantegna, von dessen Kunstwerken nach den verheerenden Bombenangriffen 1944 in der Cappella Ovetari nur noch wenig übrig geblieben ist. Aber Padua ist nicht nur Kunst. Es ist eine Stadt, in der es sich gut leben lässt: im ältesten Botanischen Garten der Welt, zwischen den Marktständen der Piazza delle Erbe, unter den Arkaden der Piazza dei Signori oder auf dem riesigen Prato della Valle, einem der größten Plätze Italiens, wo früher das römische Amphitheater stand.

Die Lagune von Venedig ist nur einen Katzensprung entfernt. Wir fliegen über den malerischen mittelalterlichen Ort Malamocco, ein heiteres Städtchen, das stolz ist auf seinen Palazzo Pretorio, den Campo mit der Kirche Santa Maria Assunta und der Geschäftsstraße *Merceria*, die zum hübschen Ponte di Borgo führt. Weiter nach Süden erblickt man die Fischerinsel Pellestrina, eine Landzunge, von der sich die Lagunendämme zum Meer hinaus erstrecken; diese enormen Mauerwerke aus Marmorblöcken wurden im 18. Jahrhundert zum Schutz der Lagune mit großem Aufwand errichtet. Es wird überliefert, dass die vier Familien Busetto, Vianello, Zennaro und Scarpa nach dem Chioggia-Krieg damit begannen, Pellestrina wieder aufzubauen. Heute werden mit diesen Namen die vier Stadtteile der Insel bezeichnet. In der Ferne sieht man die Dächer und Türme von Chioggia. Das römische Clodia zeigt sich würdevoll mit seinen Zeichen der Zeit und der unverwechselbaren Anordnung aus Nord-Süd-Achse (*Cardo*) und Ost-West-Achse (*Decumanus*); ein dichtes Netz aus kleineren Gassen entwickelt sich von hier aus, die senkrecht zum Corso del Popolo verlaufen, wo einst Carlo Goldoni wohnte. Bevor wir Chioggia verlassen, fällt unser Blick noch auf die lange Brücke vorbei an der Isola dell'Unione in der Mitte, eine Art Nabelschnur, die Chioggia mit Sottomarina verbindet. Die Anordnung dieser kleinen Ortschaft am äußersten Südende der Lagune von Venedig weist auf lang zurückliegende bäuerliche Wurzeln hin.

Im Norden hebt sich die mittelalterliche Stadt Treviso ab, wegen ihrer zahlreichen Kanäle und Schleusen wird sie auch „città d'acque" genannt; die Piazza dei Signori und der Palazzo dei Trecento erinnern an vergangene Pracht. Treviso, eine Stadt, die fast wie eine Insel wirkt, in der die Zeit stehengeblieben ist, ist auch die Hauptstadt der „Marca Gioiosa", also jenes Landstriches rund um Conegliano, auf dessen Hügeln wunderbare Weinberge gedeihen. Die Reste der mittelalterlichen Festung Castelvecchio in Conegliano und deren Stadtmauer zeugen seit Jahrhunderten von einer glorreichen Vergangenheit. Befestigte Städte sind auch Castelfranco Veneto, wo Giorgione lebte, ein bekannter Maler der Renaissance, sowie Asolo mit der Festung Rocca, die hoch über

166 rechts Das Castello Cini in Monselice (Provinz Padua) umfasst verschiedene Gebäudearten. Die mit Zinnen bekrönte Burganlage wurde im 13. Jh. an der Stelle eines vorhergehenden Gebäudes errichtet und um 1350 mit einer anderen Festung verbunden. Das eigentlich zu Verteidigungszwecken errichtete Kastell wurde 1405 in einen Wohnkomplex umgebaut.

einem wundervollen Panorama bewachsener Hügel thront. Dann folgt Vittorio Veneto, am Rand der Provinz Treviso, eine Stadt, die 1866 durch die Verschmelzung zweier historischer Orte, Ceneda und Serravalle, entstand; bekannter ist der Ort aber durch eine Schlacht, die 1918 den Ersten Weltkrieg beendete. Hier beginnt die Provinz Belluno. Wir überfliegen Feltre, eine Stadt im südlichen Teil des Val Belluna. Feltre ist berühmt für seine bunten Fresken an den Wänden zahlreicher Palazzi aus dem 16. Jahrhundert.
Wir erreichen Belluno, die „Königin des Piave" oder, sprachgeschichtlich gesehen, die „leuchtende Stadt", gekrönt von den Bergen Serva, Pelf, Gusela del Vescovà, Pizzocco und Nevegal. Diese kleine und elegante Altstadt, die im Hinblick auf Straßen, Arkaden, Plätze, vornehme Palazzi und Türme anderen – berühmteren – Städten Venetiens ähnlich ist, liegt auf einer Landzunge an der Mündung des Ardo in den Piave. Von Belluno aus geht es weiter nach Pieve di Cadore, Geburtsstadt von Tiziano: Hier versorgten sich früher Venedigs Dogen mit Holz, und die abgeholzten Wälder zeugen von dieser Zeit. Von Cadore geht es zurück in die Provinz Vicenza, wo wir einige schmerzliche Andenken aus dem Ersten Weltkrieg überfliegen, wie zum Beispiel der von Palladio entworfene Ponte degli Alpini (Brücke der Gebirgsjäger) in Bassano del Grappa, eine schlichte Holzbrücke über die Brenta mit einem von Holzbalken getragenen Dach; die mehrfach zerstörte und wieder aufgebaute Brücke ist der Zugang zur Altstadt.
Nicht weit von Bassano, an einem Hügel zu Füßen der Hochebene von Asiago, liegt das von einer mittelalterlichen Stadtmauer völlig umschlossene Marostica. Alle zwei Jahre findet auf der Piazza Castello ein Schachspiel mit lebenden Personen in Kostümen statt, um an einen alten Zweikampf um die Liebe einer Frau zu erinnern. Im mittleren Venetien finden sich viele Zeugnisse von mit Türmen und Mauern bewehrten Städten, so zum Beispiel Monselice, mit dem Kastell des Ezzelino da Romano, Este oder Montagnana, das seit Jahrhunderten durch einen mittelalterlichen, aus Ziegeln errichteten Mauerring geschützt wird. Aber auch Cittadella: Die Stadt mit ihrer wunderbaren, ovalförmigen Stadtmauer entstand 1220 durch einen Beschluss der Gemeinde von Padua.
Wir bewegen uns in Richtung Po-Ebene, wo unsere Reise langsam zu Ende geht. Rovigo zeigt kaum noch Spuren seiner Geschichte als Stadt am Wasser, die durch Landwirtschaft und Handel geprägt war. Das alte Rodigium war vom 10. bis zum 17. Jahrhundert Hauptstadt des Gebiets Polesine, aber vor allem war der Ort ein Bindeglied zwischen venezianischer und ferraresischer Kultur.
Und schließlich Adria. Der Ort, dem das adriatische Meer seinen Namen verdankt, war in der Vergangenheit einer der wichtigen Häfen, bis sich in der römischen Kaiserzeit Classe bei Ravenna durchgesetzt hat. Der Hafen der einstigen Handelsstadt, der auch heute noch mit seinen Kanälen vom Himmel aus zu erkennen ist, verlandete im Lauf der Jahrhunderte.

168-169 Der Ponte Vecchio über die Brenta in Bassano del Grappa (Provinz Vicenza) ist eine gedeckte Holzbrücke nach einem Entwurf von Andrea Palladio von 1569. Die mehrmals veränderte und nach dem Zweiten Weltkrieg endgültig erneuerte Brücke hat zu beiden Seiten noch Torbögen aus Marmor aus dem 16. Jh.

STOP

170-171 In dieser Panoramaansicht vom Zentrum Veronas und der Etsch, die durch die Stadt fließt, erkennt man einige der wichtigsten Brücken der Stadt: Ponte Scaligero (unten), Ponte della Vittoria (Mitte) und sogar Ponte Garibaldi. Dahinter erhebt sich der Campanile des Doms.

172 Die Brücke der Skaliger mit ihrem Brückenturm verbindet Castelvecchio mit dem gegenüberliegenden Ufer der Etsch. Die zinnenbewehrte Konstruktion wurde 1355 von Cangrande II. della Scala (1351-1359) errichtet. Die Brücke ist 120 m lang, der größte Bogen hat eine Spannweite von 48,5 m, ein beträchtliches Maß für die damalige Zeit. Sie wurde von flüchtenden deutschen Truppen am 24. April 1945 gesprengt und nach dem Krieg wieder aufgebaut.

173 Der Palazzo del Comune mit der Torre dei Lamberti beherrscht die Nordseite der Piazza delle Erbe, eine der typischsten Ecken von Verona. Teilweise entspricht der Platz dem Bereich des Forums aus römischer Zeit. Das ursprüngliche Gebäude stammt aus 12. Jh. wurde aber mehrfach umgebaut, die jetzige Form lässt sich zum größten Teil ins 16. Jh. zurückführen.

174 Bardolino (Provinz Verona) zeigt ein gleichmäßiges Stadtbild. Im Zentrum steht die von Bartolomeo Giuliari entworfene und von 1830 bis 1847 errichtete Pfarrkirche, die den Heiligen San Nicolò und San Severo gewidmet ist. Sie wurde an der Stelle der alten Kirche San Nicolò aus dem Jahr 1223 gebaut und ersetzte die damalige Kirche San Severo als Pfarrkirche.

175 Das kleine, am Gardasee liegende Städtchen Lazise mit seinem idyllischen Hafenbecken, dem Skaligerkastell, rechts, und dem alten Mauerring führt den Besucher zurück ins Mittelalter und in die nachfolgende Zeit, als die Stadt zur Serenissima gehörte.

176 Auch in Malcesine (Provinz Verona), einem kleinen Ort zu Füßen des Monte Baldo, gibt es ein Skaligerkastell, das von einem Ausläufer über dem See aus die engen Gassen des Ortes überragt und an die Herrschaft der Familie della Scala erinnert, die unter Alberto (1279–1301) die Burg mit einem befestigten Mauerring vollendete.

177 Ein weiterer sehenswerter Ort in der Provinz von Verona ist Torri del Benaco an der sogenannten „Riviera degli Olivi" am östlichen Gardasee. Auch dieser aus römischer Zeit stammende Ort kann ein von den Skaligern errichtetes Kastell vorweisen sowie einen kleinen Hafen, der für die Serenissima von großer Bedeutung war.

178 Zur endlos scheinenden Stadtmauer von Soave, einer Stadt in der Umgebung von Verona, die sich vom Kastell hinunter in die Stadt zieht und die Altstadt in einem Viereck umschließt, gehören 24 Türme. Die Festungsanlage ist aus der Zeit der Skaliger und geht zurück in das 14. Jh. Soweit das Auge reicht, erstrecken sich auf den umliegenden Hügeln Weinberge; hier wächst der Wein, der die Stadt so bekannt gemacht hat.

179 Die kleine, zu Füßen der Hochebene von Asiago (Provinz Vicenza) liegende Stadt Thiene, ist bekannt für ihre Stoffproduktion, die bis in das 16. Jh. zurückgeht. Der Dom aus dem 17. Jh. in der Mitte des Bildes wurde am Ende des 18. Jh. umgebaut und zu Beginn des 20. Jh. um zwei Seitenschiffe und eine Kuppel erweitert. Hier finden sich Malereien der venezianischen Schule aus dem 17. und dem 18. Jh.

180 Das strahlende Grün des Kupferdachs der *Basilica* von Palladio, das die Form eines umgedrehten Schiffsrumpfs hat, und der Kuppel der Kathedrale Santa Maria Maggiore, unten rechts, sticht in der Luftaufnahme von Vicenza deutlich hervor.

181 Die *Basilica*, das Herz des öffentlichen Lebens der Stadt, entstand aus dem Umbau des vorherigen Palazzo della Ragione, einem gotischen Bau des 15. Jh., das der junge Andrea Palladio in der Mitte des 16. Jh. nach den Regeln der Renaissance erneuerte. Er errichtete um das gesamte Gebäude die zweigeschossige Loggia mit der typischen Überdachung. Seitlich davon steht die mittelalterliche Torre del Girone mit der ältesten Uhr der Stadt.

182 Alle zwei Jahre findet auf der mit einem Schachbrett gestalteten Piazza die berühmte „Partita a Scacchi" mit lebenden Personen statt, für die Marostica berühmt ist. Damit erinnert dieses alte Städtchen in der Provinz Vicenza an ein sagenumwobenes Duell im Mittelalter.

183 Die Kirche von Asiago (Provinz Vicenza) thront auf dem größten Platz der Stadt gegenüber vom Rathaus, sie ist dem Schutzheiligen San Matteo Apostolo geweiht. Die Kirche wurde Ende des 14. Jh. gegründet und dann im Laufe der Jahrhunderte mehrfach umgebaut, zum letzten Mal nach dem Ersten Weltkrieg. Die heutige klassizistische Kirche mit einem korinthischen Säulengang hat einen dreischiffigen Kreuzgrundriss mit einer Kuppel in der Mitte.

184 Die Basilika Sant'Antonio in Padua hat ein Dach mit großen Kuppeln sowie zwei achteckige Türme, die Assoziationen an den Orient wecken. Auf einem römisch-gotischen Grundriss stehen Elemente, an denen der venezianische und byzantinische Einfluss spürbar wird.

185 In Padua steht auch die majestätische Kirche Santa Giustina. Dieser mit acht Kuppeln überbaute Ziegelbau entstand im 16. Jh. Direkt neben der Kirche befindet sich das alte Benediktinerkloster aus dem 8. Jh.

186 Der Palazzo del Capitanio in Padua hat einen Uhrturm mit einer wundervollen astronomischen Uhr (1477), die neben der Uhrzeit auch den Monat, den Tag und die Mondphase anzeigt; darüber hinaus stellte sie eine Karte des Himmelsgewölbes mit den Bewegungen der Planeten dar.

187 Die Universität von Padua (unten links) ist ein großes Gebäude im Zentrum der Stadt. Weil für ihren Neubau unter anderem das alte Gasthaus *Il Bò* (Zum Ochsen) abgerissen werden musste, wird sie heute kurz *Bò* genannt. Rechts davon befindet sich das Rathaus von Padua mit dem Turm.

188 Durch den ovalen, wunderbar erhaltenen Mauerring mit Türmen und Toren ist die kleine Stadt Cittadella in der Provinz Padua von oben sehr gut zu erkennen. Sie entstand in den Jahren 1220 und 1221 an der Stelle einer alten Siedlung. Der städtebauliche Grundriss mit dem gleichmäßigen Straßennetz ist eindeutig römischer Prägung.

189 Der Name von Monselice (Provinz Padua) kommt aus dem Lateinischen, eindeutiges Kennzeichen einer alten Stadtgeschichte. Der Ortsname Mons Silicis soll vermutlich auf den Stein verweisen, der hier in den Steinbrüchen rings um den Felsen abgetragen wurde, der den Ort überragt; vielleicht soll der Name aber auch „Berg der gepflasterten Straße" bedeuten, ein Name, der auf die Via Annia anspielt, die hier verlief.

190 Asolo liegt auf den sanften Hügel des Trevigiano, umgeben von dichter Vegetation. Diese bevorzugte Lage ist der Grund dafür, dass die Gegend schon seit langer Zeit besiedelt ist. Ihre Glanzzeit aber hatte die Stadt unter venezianischer Herrschaft: 1489 nämlich erhielt Caterina Cornaro von der Serenissima Asolo im Tausch gegen Zypern.

191 Die ehemalige Königin von Zypern machte aus Asolo einen eleganten Hofstaat, ganz im Geiste der damaligen Zeit, was auch in der Architektur des Ortes Spuren hinterlassen hat. Durch den Einfluss der Venezianer kam es zu einer Umstrukturierung der kleinen Stadt, die heute zahlreiche Einblicke in ihre mittelalterliche Vergangenheit bietet, die mit Eindrücken der Renaissance verschmelzen.

192 links Villa Barbaro in Maser (Provinz Treviso) ist eines der Meisterwerke palladianischer Architektur, mit einem Mittelbau, der an die Form eines klassischen Tempels erinnert sowie zwei Flügeln mit Bogengängen.

192 rechts Die Villa Rinaldi-Barbini bei Asolo ist eine der schönsten und prächtigsten in der Provinz Treviso. Sie hat einen Mittelbau, an den sich zwei seitliche mehrgeschossige Loggien anschließen sowie verschiedene Nebengebäude, darunter auch eine kleine Barockkirche.

193 Die Piazza dei Signori in Treviso wird im Osten durch den Palazzo dei Trecento begrenzt, der aus der Zeit des ausgehenden 12. und des beginnenden 13. Jh. stammt, im 20. Jh. aber umgestaltet wurde. Der Palazzo del Podestà mit der Torre Civica wurde im 19. Jh. umgebaut. Im Westen befindet sich der Palazzo Pretorio aus dem 17. Jh.

194 Der große Platz in Valdobbiadene (Provinz Treviso), der Stadt an den Hängen des Monte Cesèn, die für den Prosecco bekannt ist, wird überragt vom mächtigen Turm der Kirche Santa Maria Assunta aus dem 17. Jh. Hier sind wichtige Bilder der venezianischer Schule zu finden, darunter Werke von Palma dem Jüngeren und Paris Bordon.

195 Castelfranco Veneto wurde im 13. Jh. von den Trevisanern als *castellum francum* gegründet, einer Stadt, in der man von allen Steuerabgaben befreit war. Das Zentrum ist noch von der quadratischen Stadtmauer mit ihrem Burggraben umschlossen.

196 Auf einer felsigen Landzunge an der Mündung des Ardo in den Piave liegt die Stadt Belluno. Durch diese bevorzugte Position war sie vor Angriffen und vor Hochwasser geschützt. Der schöne barocke Campanile gehört zum Dom und wurde von Filippo Juvarra entworfen.

197 Auf dem Colle delle Capre steht die Altstadt von Feltre, ein historisches und kulturelles Juwel. Im Jahr 1510 wurde die Stadt von Kaiser Maximilian I. von Habsburg völlig zerstört, am Ende des 18. Jh. zerstörten die siegreichen Franzosen auch in Feltre viele Überreste aus Architektur und Kunst, um Venedig zu demütigen.

198 Die Dolomitengruppen Pale di San Martino, Civetta, Pelmo und Marmolata, die den Ort Falcade (Provinz Belluno) umgeben, machen ihn zu einem der meistbesuchten Wintersportorte in Venetien. Neben zahlreichen Liftanlagen und hervorragenden Pisten, darunter auch die berühmte *Pista degli Innamorati*, der Verliebten, bietet Falcade ausgezeichnete Langlaufloipen.

199 Cortina d'Ampezzo gehört zur Provinz Belluno und ist einer der exklusivsten Skiorte, von allen Seiten von hohen Bergen umringt. Der Fluss, der unten links zu sehen ist, heißt Boite. In der Mitte des Bildes sieht man sehr schön die Kirche Santi Filippo und Giacomo aus dem Jahr 1775. Der hohe Campanile, der zwischen 1851 und 1858 entstand, ist eines der Symbole dieser kleinen Stadt.

200 Pieve die Cadore (Provinz Belluno) liegt mitten im Valle Cadorina am Zusammenfluss der Flüsse Piave, von Osten, und Boite, der von Cortina d'Ampezzo im Westen kommt. Der Ort wurde als die Geburtsstadt des Malers Tiziano Vecellio berühmt, dessen Haus, ein typischer Bau dieser Gegend aus dem 15. Jh., unter Denkmalschutz steht.

201 Auronzo di Cadore, ebenfalls in der Provinz Belluno, liegt in der Talebene des Flusses Ansiei. Der Ort ist bekannt durch den Stausee Santa Caterina, der hier in den dreißiger Jahren nach dem Bau eines Staudamms entstand, ein ausgezeichneter Ausgangspunkt für einen Ausflug zu den Drei Zinnen oder auch für einen Besuch jener Gegend, in der sich Italiener und Österreicher im Ersten Weltkrieg gegenüberstanden.

202-203 Sappada (Provinz Belluno) liegt ganz im Nordosten von Venetien an der Grenze zum Friaul und zu Österreich. Seine Lage, die im Vergleich zu anderen Orten in den Dolomiten dezentral ist, macht Sappada, auch dank des besonders strengen Klimas, zu einem idealen Ort für Eisklettertouren.

205 Murano ist eine der Inseln im nördlichen Bereich der Lagune von Venedig. Die von einem großen Kanal durchzogene Insel ist berühmt für ihre Glasbläserei. Etwa gegen Ende des 8. Jh. wurden die ersten Glasbläsereien aus Sicherheitsgründen von Venedig nach Murano verlegt, denn für die noch aus Holzbauten bestehende Stadt hatten Brände verheerende Folgen. Heute gibt es in Murano etwa 70 Glasbläsereien.

206 Heute ist Murano vor allem wegen der florierenden Glasindustrie bekannt, aber früher gab es hier zahlreiche *Palazzi*, Kirchen und bedeutende Klöster. Wie auch für andere Inseln der Lagune hatten die von Napoleon im Rahmen der Säkularisierung erlassenen Vorschriften gravierende Konsequenzen für das Kulturerbe von Murano.

207 Die Kirche Santi Maria Assunta e Donato auf Murano gab es bereits 950, aber im 12. Jh. wurde sie neu aufgebaut und von Tommaso Meduna in der zweiten Hälfte des 19. Jh. nochmals restauriert. Die schlichte Ziegelfassade sowie der große Campanile sind romanisch beeinflusst. Der dreischiffige Grundriss hat die Form eines lateinischen Kreuzes; beachtenswert sind besonders die zweigeschossige Chorpartie und der prächtige Mosaikfußboden aus dem Jahr 1141.

208 Burano liegt nordöstlich von Venedig und besteht aus vier kleineren Inseln, die durch Brücken miteinander verbunden sind. Burano ist berühmt für seine Spitzenmanufaktur; ein Handwerk, das während der Renaissance in Venedig entstanden war und auf den Inseln weiterentwickelt wurde. Das Besondere an der Burano-Spitze ist der *punto in aria*, der sogenannte Luftstich, denn er wird nur mit Nadel und Faden ausgeführt und nicht auf Stoff gestickt.

209 Auf dem größten Platz von Burano, der dem Musiker Baldassare Galuppi, genannt Buranello, gewidmet ist, steht die Kirche San Martino, die vermutlich aus dem 11. Jh. stammt. Bemerkenswert an diesem Gebäude ist, dass es kein eigentliches Portal aufweist, das Innere der Kirche erreicht man vom Seiteneingang über ein Atrium.

210-211 Weitere Einnahmequellen für Burano sind neben der Spitzenweberei auch die Fischerei und der Tourismus. Ein Ausflug zur Insel ist schon wegen des typischen Baustils auf Burano lohnenswert; die Fassaden der schlichten, kleinen Fischerhäuser sind in leuchtenden Farben gestrichen, angeblich um den Fischern auch nachts und bei Nebel den Heimweg zu weisen.

212 Die Insel San Franceso del Deserto liegt zwischen Burano und Sant'Erasmo. Die Legende erzählt, dass der heilige Franziskus auf seiner Rückkehr aus Ägypten auf der Insel Halt machte und hier die Predigt an die Vögel hielt. 1233 wurde die Insel dem Franziskanerorden überlassen, woraufhin die erste Kirche entstand sowie das Kloster und einige andere Räumlichkeiten; ein weiteres Kloster kam im 15. Jh. hinzu.

213 Die Insel San Lazzaro degli Armeni war wohl eine der ersten Lepra-Heileinrichtungen in Europa. Das Krankenhaus wurde errichtet, um kranke Pilger, deren Ziel das Heilige Land war, aufzunehmen und zu behandeln; als es geschlossen wurde, überließ Venedig die Insel dem armenischen Mönch Mechitar (1676 – 1749).

214 Die Basilika Santa Maria Assunta beherrscht mit ihrem Campanile Torcello, einst die mächtigste Insel der Lagune, heute ein abseitsliegender, beschaulicher Ort. Die Kirche wurde 639 errichtet, im 9. Jh. restauriert und dann zu Beginn des 11. Jh. neu aufgebaut. Etwa ein Jahrhundert später verursachte ein Erdbeben starke Schäden, was weitere Maßnahmen erforderlich machte. Auch der Campanile aus dem 11. Jh. wurde mehrmals restauriert.

215 Poveglia befindet sich in der südlichen Lagune. Wie viele andere Inseln war auch Poveglia ursprünglich ein Zufluchtsort für die Menschen vom Festland, die vor der Invasion der Langobarden flohen. Das Achteck im Vordergrund ist eine der vielen von der Serenissima in der Lagune eingerichteten Verteidigungsanlagen, die sich an den Hafeneinfahrten und auf den Inseln befinden.

216 Langgezogene, gleichmäßig angeordnete Straßen und eine geradlinige Küste, deren Sandstrand sich im intensiven Blau der Adria verläuft, charakterisieren diese Luftaufnahme vom Lido di Jesolo (Provinz Venedig), einem der meistbesuchten Touristenziele in Venetien.

217 Früher einmal war Caorle (Provinz Venedig) eine Insel. Durch die Versandung der Lagune ist die Stadt heute mit dem Festland verbunden. Der Strand, der sich über eine Länge von 15 km erstreckt, ist hier besonders breit.

218 Die jüngsten der zahlreichen Umbauarbeiten am Dom Santo Stefano in Rovigo begannen 1696, aber erst 1729 konnten die Arbeiten als abgeschlossen betrachtet werden, auch wenn die Kuppel noch fehlte, die erst 1791 errichtet wurde, und die bis heute unvollendete Fassadendekoration. Die Christus-Statue über dem Portal wurde im Jahr 1901 hinzugefügt.

219 Cologna Veneta ist eine Kleinstadt in der Provinz Verona am Fluss Guà. Im Vordergrund sieht man den Dom mit seinem Campanile, der nach dem Vorbild von dem der Markusbasilika in Venedig gebaut wurde, direkt dahinter ist der Uhrturm aus dem 12. Jh. Oben rechts kann man auch das städtische Theater erkennen, gebaut in maurischem Stil.

220 Chioggia, eine lebendige kleine Stadt an der Adria, hat eine besondere Lage in der Lagune, beinahe so, als läge sie inmitten zweier Welten: dem Festland und dem Meer. Die Stadt, die auch „Klein-Venedig" genannt wird, hat einen ungewöhnlichen Grundriss: Kanäle ziehen geradlinige Furchen durch die Stadt, die durch Brücken überwunden werden. Unzählige enge Gassen zweigen senkrecht von der Hauptstraße, dem Corso del Popolo, ab.

221 Auf dieser Aufnahme von Chioggia erkennt man die Kirche San Giacomo, unten rechts, und etwas oberhalb davon die helle Fassade der aus dem 18. Jh. stammenden Kirche des Oratoriums des heiligen Philipp Neri. Gegenüber davon der Palazzo Comunale, ein imposanter weißer Bau in klassizistischem Stil. Das ziegelfarbene Gebäude daneben ist der Palazzo Granaio, der ehemalige Kornspeicher, gebaut in der ersten Hälfte des 14. Jh.

Register

Register

Fotonachweis:

Marcello Bertinetti/Archivio White Star: Seiten 2-3, 4-5, 6-7, 8, 9, 10, 12 links, Mitte, rechts, 15, 20-21, 24 links und rechts, 25, 27, 28 links, Mitte und rechts, 31, 32-33, 34, 36, 37, 38, 39, 40, 41, 42-43, 44, 45, 46, 47, 48, 49, 51, 53, 54, 56, 57, 58, 66, 67, 70, 72, 73, 74, 75, 76-77, 78, 79, 80-81,82, 83, 84, 85 links und rechts, 86, 87, 88-89, 90-91, 92, 93, 94, 95, 96-97, 98, 99, 100, 101, 102-103, 105, 106, 108-109, 110-111, 112, 113, 114, 115, 117, 120 links, 124, 125, 126, 127, 128, 129, 130, 131, 132, 133, 134-135, 136-137, 138-139, 205, 206, 207, 208, 209, 210-211, 212, 215

Antonio Attini/Archivio White Star: Seiten 18-19, 22-23, 50, 52, 55, 59, 60-61, 62-63, 64-65, 68-69, 104, 107, 116 links, 120 rechts, 123, 142, 150, 151, 152, 153, 154 links und rechts, 155, 156-157, 158, 159, 160-161, 162 links, 163, 165, 166 Mitte und rechts, 169, 170-171, 172, 173, 174, 175, 176, 178, 180, 181, 182, 184, 185, 186, 187, 188, 189, 213, 216, 218, 219, 220, 221

Giulio Veggi/Archivio White Star: Seiten 116 rechts, 119, 120 Mitte, 140, 141, 142, 143, 144, 146, 147, 148, 162 rechts, 166 links, 177, 179, 183, 190, 191, 192 links und rechts, 193, 194, 195, 196, 197, 198, 199, 200, 201, 202-203, 214, 217

World Sat: Seite 16

Fotografien
Marcello Bertinetti

Text
Alberto Bertolazzi

Redaktionelle Leitung
Valeria Manferto De Fabianis

Die Herausgeber möchten folgenden Personen danken:
Stefano Travaglia, Mimmo Potenzieri, Roberto Barsotti, Paolo Barbieri, Roberto Botti, Francesco Orrico, Avionord.
Ein besonderer Dank geht an:
Emo, Francesco und Fabio Bientinesi von Volitalia, an Valentino Benvenuti und Werner Sailer.

2. unveränderte Auflage 2008

ISBN 978-3-86726-000-8

2 3 4 5 6 7 13 12 11 10 09 08

Übersetzung: Claudia Theis-Passaro
Producing: K.Design, Wiesbaden

Gedruckt in China

Litho: Pixelab, Novara (Italien)